HEYNE BÜCHER
SACHBUCH

Desmond Morris

Warum wedeln Hunde mit dem Schwanz?

Dogwatching – Die Körpersprache der Hunde

Aus dem Englischen von Ursula Bischoff
Mit Illustrationen von POGO

WILHELM HEYNE VERLAG
MÜNCHEN

HEYNE SACHBUCH
Nr. 19/214

Titel der englischen Originalausgabe:

DOGWATCHING. The Essential Guide To Dog Behaviour.

Erschienen im Verlag Jonathan Cape Ltd., London.

3. Auflage

Taschenbuchausgabe
im Wilhelm Heyne Verlag GmbH & Co. KG, München

Printed in Germany 1997
Umschlagfoto: Silvestris Fotoservice, Kastl/Obb.
Umschlaggestaltung: Atelier Adolf Bachmann, Reischach
Satz: Schaber, Wels/Österreich
Druck und Verarbeitung: Presse-Druck Augsburg

ISBN 3-453-05807-0

Inhalt

Einführung

In der Geschichte der Menschheit hat es nur zwei Tierarten gegeben, denen gestattet worden ist, mit den Menschen unter einem Dach zu leben: Hund und Katze. Auf Bauernhöfen war es früher zwar üblich, auch andere Tiere aus Sicherheitsgründen nachts im Haus unterzubringen, aber sie wurden in separate Räume gesperrt oder angekettet. Heute werden in den Wohnungen die verschiedensten Tiere gehalten: Fische, Vögel, Reptilien — um nur einige zu nennen —, aber sie leben in Aquarien, Volieren oder Terrarien, getrennt von uns durch Glas, Draht oder Gitterwerk. Nur Katzen und Hunden ist es erlaubt, sich frei im Domizil des Menschen zu bewegen, zu kommen und zu gehen, wie es ihnen beliebt. Unsere Beziehung zu ihnen ist von besonderer Art und unser Zusammenleben seit Urzeiten durch einen »Vertrag« mit spezifischen Abmachungen geregelt.

Leider wurde dieser Pakt nur allzu häufig gebrochen, und zwar hauptsächlich von uns Menschen. Der Gedanke mag ernüchternd sein, aber Hunde und Katzen sind im allgemeinen loyaler, vertrauenswürdiger und verläßlicher als Menschen. Nur selten wenden sie sich gegen uns, laufen fort und lassen uns im Stich — und wenn das geschieht, ist in den meisten Fällen menschliche Dummheit oder Grausamkeit schuld daran. Die Tiere halten sich unerschütterlich an das in grauer Vorzeit mit dem Menschen getroffene Abkommen und beschämen uns mit ihrer Unbeirrbarkeit.

Der Vertrag, den Mensch und Hund geschlossen haben, ist mehr als zehntausend Jahre alt. Wäre er in schriftlicher Form fixiert, könnte man dort wohl nachlesen, daß der

Hund sich verpflichtet hat, bestimmte Aufgaben für den Menschen zu übernehmen, und daß er als Gegenleistung Nahrung und Wasser, Schutz, liebevolle Aufnahme und Fürsorge erhält. Die Forderungen, die an ihn gestellt werden, sind vielfältig: Er soll Haus und Hof bewachen, den Menschen vor Gefahr beschützen, als Jagdgefährte oder Schlittenhund dienen sowie Schädlinge fernhalten. Auch für Spezialaufgaben ist er hervorragend geeignet: Er hat gelernt, Vogeleier zu apportieren, ohne die Schale zu zerbrechen, Trüffel zu suchen, Drogen aufzuspüren, Blinde zu führen, Menschen aufzufinden, die unter Lawinen begraben wurden, flüchtige Verbrecher zu verfolgen und zu stellen, an Weltraum-Expeditionen und Hunderennen teilzunehmen oder im Film oder Zirkus aufzutreten.

Nicht selten wurde und wird die Treue des Hundes zu barbarischen Zwecken mißbraucht. Die heute als Kriegsfurien bezeichneten menschlichen Söldner — Männer also, die ein sadistisches Vergnügen oder einen Ausdruck männlicher Überlegenheit darin sehen, den Gegner mit speziellen Waffen zu verstümmeln oder zu töten — hatten ihre Vorläufer in speziellen Kriegshunden, die darauf abgerichtet waren, die vorderste Linie des feindlichen Heeres anzugreifen. Shakespeare nimmt darauf Bezug, als er Mark Anton ausrufen läßt: »Auf ins Gemetzel; weckt die Hunde des Krieges!« Die Gallier schickten Hunde mit schwarzen Halsbändern in die Schlacht, an denen rasiermesserscharfe Klingen befestigt waren. Diese furchterregenden Tiere stürzten sich auf die römische Kavallerie, zerfetzten die Beine der Pferde und machten den Gegner kampfunfähig.

Bedauerlicherweise gibt es auch heute noch Kampfhunde. Obwohl es gesetzlich verboten ist, werden nach wie vor bestimmte Rassen auf Kampftrieb und Aggressionsverhalten gedrillt und zu Kämpfen auf Leben und Tod gezwungen, um die Spielleidenschaft und die abartigen Bedürfnisse einer blutrünstigen Minderheit in unserer menschlichen Gesellschaft zu befriedigen. Diese perversen Formen der Zerstreuung sind zwar inzwischen für illegal erklärt, aber noch immer nicht ganz abgeschafft worden.

Hunde gelten in manchen asiatischen Ländern auch heute noch als Delikatesse. Allerdings war ihre Bedeutung als kulinarischer Leckerbissen nie sehr groß und ist mittlerweile im Schwinden begriffen. In China scheint diese Sitte einst weit verbreitet gewesen zu sein, denn im Chinesischen sind der Begriff »eßbares Hundefleisch« und der umgangssprachliche Ausdruck für »Nahrung« identisch: *chow.* In allen anderen Regionen der Erde gelang es den Hunden jedoch meistens, dem Kochtopf zu entgehen, wohl auch deshalb, weil es so viele andere, weit nützlichere Verwendungsmöglichkeiten für sie gab.

Einer der unliebsamen Nebeneffekte der Beliebtheit, der sich Hunde in fast allen menschlichen Gemeinschaften erfreuen, ist die wachsende Anzahl von Streunern. In manchen Ländern sind die Horden herrenloser, kranker und verwahrloster Hunde so groß, daß die ganze Gattung Hund in Verruf geraten ist. Der Status des »Paria«, der dem Hund insbesondere im Mittleren Osten anhaftet, hat ihn dem Menschen entfremdet und dessen freundliche Zuneigung in Ablehnung verkehrt. In verschiedenen Religionsgemeinschaften gelten Hunde heute noch als »unrein«. Im Laufe der Jahre erhielt das Wort Hund auch in unserem Sprachgebrauch eine oftmals negative, abwertende Bedeutung: Man denke nur an Begriffe wie »Schweinehund«, »Hundsfott« oder an Assoziationen wie »räudiger Köter«, »dreckige Töle« usw. Noch heute wird den Kindern in manchen ethnischen Gruppen beigebracht, den Hund zu verachten. Am stärksten hat sich diese Tradition wohl in moslemischen Glaubensgemeinschaften erhalten. Spätere Umerziehungsversuche in der Schule haben sich hier als nahezu aussichtslose Sisyphusarbeit erwiesen.

In der westlichen Hemisphäre hat die Einstellung zum

Hund jedoch eine im allgemeinen positivere Entwicklung genommen. Als die traditionellen Aufgabenbereiche des Hundes an Bedeutung einbüßten, fand sich bald eine neue Rolle für ihn. Aus dem Arbeitstier wurde nach und nach ein Hausgenosse und Partner des Menschen. Dieser Wandel stand in engem Zusammenhang mit der zunehmenden Verstädterung des Menschen und dem Wachstum von Ballungszentren. Im Milieu der Großstadt bleiben dem Hund nur mehr wenige nutzbringende Funktionen, aber das Band zwischen Mensch und Hund ist so fest, daß die menschliche Gesellschaft auf das canide Element in ihrer Mitte nicht verzichten mag. Im Gegenteil — seit der Industriellen Revolution sind unzählige neue Hunderassen entstanden. Stammbaum, Zuchtregeln und Hundeausstellungen haben so große Bedeutung erlangt, daß die Hundezucht inzwischen zu einem einträglichen Geschäft geworden ist.

Gleichzeitig nimmt aber auch die Zahl der Bastarde zu. Viele Hundehalter geben einem treuen, freundlichen Kameraden den Vorzug vor Rassehunden, die ihnen zu überzüchtet, in ihren Merkmalsausprägungen und Verhaltensweisen zu exaltiert oder schon an der Grenze zum Pathologischen erscheinen. Die renommierten Hundezüchter lehnen diese Argumente strikt ab. In ihren Augen ist nur die Aufzucht teurer, exklusiver Hunderassen gerechtfertigt, kann man nur durch selektive Zucht die wahren Bedürfnisse des Tieres befriedigen. Sie werfen den Besitzern von »Promenadenmischungen« vor, daß ihre Hunde verwahrlost sind, streunen dürfen, öffentliche Plätze und Anlagen verunreinigen und die ganze Gattung Hund in Verruf bringen. Wenn nur noch reinrassige Hunde gehalten würden, so behaupten sie, würde die Gesellschaft ihre Vorurteile gegen Hunde abbauen und den vierbeinigen Begleiter als das Wertobjekt anerkennen, das es sei.

In beiden Standpunkten steckt ein Körnchen Wahrheit. Manche Hunderassen sind in der Tat überzüchtet und leiden als Folge der genetischen Eingriffe durch den Menschen an physischen Defekten. Hunde mit extrem kurzen Beinen und langgestrecktem Körper haben beispielsweise eine Disposition für Gelenkleiden; Hunderassen mit abgeflachtem Kopf neigen oftmals zu Atemnot; andere zu Augen- oder Hüftgelenkerkrankungen. Die Züchter solcher Rassen schweigen normalerweise über derartige Schäden, die sich im Laufe der Zeit vervielfacht haben, weil sie befürchten, daß andernfalls die Nachfrage zurückgehen könnte. Noch vor hundert Jahren hatte z.B. die Bulldogge vergleichsweise lange Beine und der Dachshund einen wesentlich kürzeren Körper. Das sind nur zwei der zahllosen Rassen, bei denen bestimmte Merkmalsausprägungen soweit hochgezüchtet wurden, bis es zu Anomalien kam. Es sollte ein Leichtes sein, diese und andere Rassen zumindest soweit zurückzuzüchten, daß sie mehr Ähnlichkeit mit den Hunden aufweisen, die sie noch vor wenigen Jahrhunderten waren, als sie noch die Funktion von Arbeitstieren übernehmen konnten. Sie würden dadurch nichts von ihrem Charme einbüßen, aber wesentlich gesünder sein und weniger extreme Negativmerkmale zeigen. Auf diese Weise ließen sich durch die Hundezucht sowohl die Bedürfnisse des Menschen als auch des Tieres berücksichtigen.

Die Welt der Bastarde ist noch vielschichtiger. Tatsache ist, daß die meisten Besitzer von Promenadenmischungen ihre Vierbeiner mit großer Zuneigung und Respekt behandeln, aber da ihr Handelswert nur gering ist, werden sie in unserer Konsumgesellschaft nicht selten als Ausschuß betrachtet: verschenkt, abgeschoben oder mißhandelt. Jedes Jahr nimmt das Tierheim im Londoner Stadtteil Battersea rund 20000 Streuner auf (1985 waren es 19889, 76% davon Bastarde), und dieses Asyl ist nur eines von vielen. Eine bemerkenswerte Anzahl dieser bedauernswerten Tiere konnte in neuen Familien untergebracht werden, aber die Zahl derer, die getötet werden mußten, ist weit größer. Allein in Großbritannien schätzt man, daß es sich täglich um 2000 Hunde handelt. Ob und wie sich hier Abhilfe schaffen läßt, ist im Augenblick noch nicht abzusehen. Die einzige Hoffnung für die Zukunft ist eine generelle Einstellungsänderung der Gesellschaft gegenüber allen tierischen Lebewesen und größeres Einfühlungsvermögen in ihre spezifischen Bedürfnisse.

Ein nicht minder trauriges Schicksal, das viele Hunde erleiden müssen, hat seine Ursache im Aggressionstrieb und wissenschaftlichen Forschungsdrang des Menschen. In beiden Fällen ist das Leben des Hundes im wahrsten Sinne des Wortes ein Hundeleben. Der Mensch neigt dazu, seine Aggressionen, der Hackordnung gemäß, am Schwächeren abzureagieren. Der Chef schreit seine Untergebenen an, diese lassen Wut und Frustration wiederum an ihren Untergebenen aus, und so geht es weiter bis zur untersten Stufe der sozialen Hierarchie — und dort sitzt der arglose und vertrauensvoll zum Menschen aufblickende Hund. Ein Hund, der getreten und geschlagen wird, kann ja nicht ahnen, daß das auslösende Moment für die unsanfte Behandlung, die ihm zuteil wird, ein Rüffel war, der in irgendeinem Büro ausgeteilt wurde und eine Kettenreaktion — der sozialen Rangordnung entsprechend von oben nach unten — auslöste, die mit einem Fußtritt oder noch grausameren Mißhandlungen endet. Allein in Großbritannien erhält der Tierschutzband jährlich mehr als 40 000 Zuschriften, die die Mißhandlung von Hunden dokumentieren.

Genauso unglaublich und überflüssig sind die Versuche, die im »Namen der Wissenschaft« an der hilflosen Kreatur unternommen werden. Zu entschuldigen versucht man diesen »Vertragsbruch« oftmals mit dem Argument, die Leiden seien unerläßlich, um für den Menschen wichtige Erkenntnisse zu gewinnen. Wir nehmen uns das Recht, das Vertrauen, das der Hund in uns setzt, zu mißbrauchen, und rechtfertigen unseren Mangel an Loyalität mit der Veröffentlichung von Studienergebnissen, von denen wir behaupten, daß sie dem wissenschaftlichen Fortschritt dienen. In Wirklichkeit haben Tierexperimente der Kreatur nur Leiden, uns aber in den seltensten Fällen die erhofften Durchbrüche gebracht. In den frühen Entwicklungsstadien der Physiologie, der Medizin oder Zoologie hat man dadurch möglicherweise noch wertvolle Erkenntnisse gewonnen, aber diese Zeiten sind längst vorbei. Wir Menschen sollten uns moralisch verpflichtet fühlen, den Hund in Frieden leben zu lassen, doch eine solch friedliche Koexistenz scheint weiterhin ein Wunschtraum zu bleiben.

Das bringt mich zum Hauptanliegen dieses Buches. Ich möchte aufzeigen, daß wir durch simple Beobachtungen oder Verhaltensstudien und Experimente, die dem Hund keinen Schaden zufügen, diese bemerkenswerte Spezies erstaunlich gut kennen- und verstehen lernen können. Hunde haben dem Menschen viel zu geben: Sie sind verspielt, wenn uns nach Spiel zumute ist; sie erweisen sich als treue, rücksichtsvolle Begleiter, wenn wir uns einsam und deprimiert fühlen; sie wirken beruhigend, wenn wir zornig, ängstlich oder nervös sind; und sie erfüllen noch immer ihre jahrtausendealte Pflicht, den Menschen und sein Eigentum zu schützen — um nur einige Rollen zu nennen, die der Hund als Freund des Menschen spielt.

Wer die Hundefeindlichkeit in unserer Gesellschaft schürt, ist zu bedauern, denn er läßt sich vieles entgehen. Und auch die Menschen, die lediglich eine gewisse Gleichgültigkeit gegenüber Hunden empfinden, ignorieren den Wert einer engen und ungestörten Hund-Mensch-Beziehung. Da es unwahrscheinlich ist, daß dieses Buch überhaupt ihr Interesse weckt, entgeht ihnen außerdem noch die erstaunliche, aber unbestrittene Tatsache, daß Hunde- (oder auch Katzenbesitzer) länger leben als der Durchschnittsmensch, der kein Tier hält. Diese Behauptung ist keineswegs der Phantasie eines rührigen Werbefachmannes entsprungen, der die Tierhaltung propagiert, sondern ein einfaches und belegbares medizinisches Faktum. Der beruhigende Einfluß eines sanften vierbeinigen Gefährten beugt Bluthochdruck und somit auch dem Risiko eines Herzinfarktes vor. Eine Katze, einen Hund oder irgendein anderes haariges Tier zu streicheln oder zu kraulen, wirkt streßmindernd und schützt vor vielen der heute weit verbreiteten Zivilisationskrankheiten. Die meisten Menschen, die der hektischen Betriebsamkeit unserer Großstädte ausgesetzt sind, leiden unter der Dauerbelastung und dem Zwang, ständig komplexe Entscheidungen von großer Tragweite treffen, Konflikte lösen und Kompromisse schließen zu müssen. Durch den Körperkontakt mit unserem Hund wird uns erst wieder bewußt, daß es in diesem Hexenkessel, den wir Zivilisation nennen, noch Kreaturen gibt, die sich ihre Unschuld und Gelassenheit bewahrt haben.

Leider muß man immer wieder feststellen, daß selbst die Zeitgenossen, die von einer ungestörten und engen Beziehung zum Hund profitieren, seine wahre Natur nicht ausreichend kennen. Vieles ist uns so vertraut, daß wir es als selbstverständlich hinnehmen. Wenn man uns Fragen stellt wie beispielsweise: Wie empfindlich ist seine Nase? Kann er Farben sehen? Wie findet er nach Hause zurück, wenn er sich verlaufen hat? Warum wedelt er mit dem Schwanz, wenn er uns begrüßt? Warum ist sein Sexualleben so merkwürdig?, dann zucken wir mit den Schultern und wechseln das Thema, ohne uns wirklich um eine Antwort zu bemühen. Wenn unsere Neugier doch geweckt sein sollte und uns veranlaßt, in den Standard-Hundebüchern nachzuschlagen, fällt uns auf, daß in den meisten Abhandlungen derartig grundlegende Fragen ausgespart sind. Diese Werke befassen sich vornehmlich mit Themen wie Hundeaufzucht, Ernährung oder medizinische Versorgung und schildern in allen Einzelheiten die spezifischen Merkmale der verschiedenen Hunderassen. Das sind zweifellos nützliche Informationen, aber sie geben keinen Aufschluß darüber, warum manche Hunde mehr bellen als andere, oder warum Hunde sich so und nicht anders verhalten. Deshalb möchte ich diese und ähnliche Schlüsselfragen kurz und in verständlicher Form beantworten. Ich hoffe, daß Sie dadurch in der Lage sind, Lösungen zu finden, wenn Probleme mit Ihrem Hund auftauchen, und sehen, welche Wertschätzung das Endprodukt der langen Evolution der Caniden verdient, das Sie jedesmal so freudig begrüßt, wenn Sie nach Hause zurückkehren und die Tür öffnen.

Der Hund

Was ist am Hund so Besonderes? Welche Merkmale der Caniden haben dazu beigetragen, daß von insgesamt 4236 Säugetier-Arten ausgerechnet der Hund als engster Gefährte des Menschen auserwählt wurde? Die Antwort mag auf manchen Leser erschreckend wirken, denn der »beste Freund des Menschen« ist in Wirklichkeit ein Wolf im Hundepelz. Und gerade die Merkmale seiner wölfischen Vorfahren sind es, die einen Schlüsselfaktor in der Hund-Mensch-Beziehung darstellen und unsere enge Bindung erklären.

Die Vorstellung, daß alle Hunderassen — der struppige Bastard wie der reinrassige Zuchtchampion, der winzige Chihuahua und die riesige Dänische Dogge — auf eine Stammart zurückzuführen und mehr oder weniger domestizierte Wölfe sind, weckt bei so manchem Hundehalter Unbehagen. Der Gedanke ist deshalb so erschreckend, weil die Horrorgeschichten über den wildlebenden Wolf eine lange Tradition haben. Er ist als Bestie und Menschenfresser, als Werwolf und als der »böse Wolf« in die Literatur eingegangen. Erst in den letzten Jahrzehnten findet man in neuzeitlichen Studien eine unvoreingenommene Einstellung gegenüber diesen faszinierenden Geschöpfen. Ist es deshalb nicht verständlich, daß sich Hundehalter weigern, in dem freundlichen und harmlosen Gefährten, der sich auf ihrem Teppich zusammenrollt und mit vertrauensvollem Blick zu ihnen aufschaut, ein Mitglied der wehrhaften Gattung Wolf zu sehen? Aber diese Tatsache müssen wir akzeptieren, nicht nur, weil sie unanfechtbar ist, sondern weil wir allein auf diese Weise das Verhalten des Hundes verstehen lernen und begreifen, warum gerade der Hund — und nicht der Affe, Braun- oder Waschbär — zum besten Freund des Menschen geworden ist.

Bevor wir uns näher mit dem Verhalten von Wölfen befassen, sollten wir einige der Einwände, die gegen die Stammarten-Theorie laut werden könnten, zu entkräften versuchen. Z. B. das Argument: Wie können unsere Haushunde, die sich in Größe, Form und Färbung so stark voneinander unterscheiden, zu ein und derselben Spezies gehören? Es mag kaum zu glauben sein, aber es ist wahr. Die oft beträchtlichen Rasseunterschiede sind nur oberflächlich. Fest steht, daß sich sämtliche Hunderassen untereinander paaren können und fruchtbare Nachkommen zeugen. Die genetischen Veränderungen, die der Mensch durch Züchtung erzielt hat, sind noch immer zu gering, als daß sie — biologisch gesehen — eine Vermischung der Rassen verhindern könnten. Nun mag man sich fragen: Was passiert denn, wenn sich z. B. in einem Chihuahua-Rüden beim Anblick einer läufigen Doggendame der Paarungstrieb regt? Läßt man der Natur ihren Lauf, geschieht nichts; er ist schließlich kein Akrobat. Würde die besagte Hundedame jedoch künstlich besamt, wäre wohl mit Mischlings-Welpen zu rechnen. Nach bisherigen Erkenntnissen steht der Kreuzung von Rassen auch mit den unterschiedlichsten Merkmalsausprägungen nichts im Wege,

ebensowenig, wie einer Fortpflanzungsgemeinschaft zwischen Haushund und Wolf. Auch ihre Nachkommen sind fortpflanzungsfähig.

Alle Hunde zählen daher, trotz individueller Unterschiede, zu ein und derselben Spezies. Der winzige Yorkshire Terrier mag neben dem 140 Kilogramm schweren Bernhardiner oder der zehnmal größeren Dänischen Dogge wie eine Miniaturausgabe wirken, aber unter ihrem Fell sind sie Brüder. Jeder, der einmal einen kleinen Hund hatte, wird das bestätigen. Der Winzling weiß sehr wohl um seine wölfische Abstammung und hat das Verhaltensrepertoire seines wehrhaften Vorfahren geerbt. So mancher Postbote wurde mit wütendem Gekläff oder einem Knurren empfangen, weil er es wagte, sich seinem Territorium zu nähern. Und wenn der Laut ein wenig dünn und japsend klingt, dann ist das nicht seine Schuld. Begegnet er im Park einem großen Hund, verhält er sich nicht anders. Er weiß, daß er ein ausgereiftes, erwachsenes Tier ist, also warum sollte er Zurückhaltung zeigen? Der große Hund fühlt sich durch diese selbstbewußte Pose irritiert, und so mancher, der sich plötzlich einem Angriff durch eine Horde kleiner Kläffer ausgesetzt sah, hat sein Heil schon in der Flucht gesucht. Sollte sich der Besitzer des großen Hundes über die augenscheinliche Feigheit seines vierbeinigen Begleiters ärgern, so zeigt er damit, daß er dessen Verhalten gründlich mißversteht. Der Riese hat nicht etwa Angst vor dem Zwerg, sondern gesteht dem Angreifer aufgrund seiner Körpergröße einen besonderen sozialen Status zu, nämlich den des Welpen, was normalerweise eine Aggressionshemmung bewirkt. Das Problem ist allerdings, daß sich dieser »Welpe« nicht wie erwartet verhält; daraus resultiert dann die Verunsicherung des körperlich überlegenen Tieres.

Wenn die sechs Millionen Hunde in Großbritannien, die vierzig Millionen in den USA und die unzähligen Millionen rund um den Erdball alle zu ein und derselben Spezies gehören, warum weisen sie dann so unterschiedliche Merkmalsausprägungen auf? Die Antwort ist darin zu suchen, daß sich beim Hund als dem ältesten domestizierten Tier durch gezielte Zuchtwahl des Menschen im Laufe der Zeit bestimmte Phänotypen herausgebildet haben. Unbeherrschbare, übernervöse und aggressive Exemplare wurden ausgesondert. Man bevorzugte Hunde, die ein ansprechendes Aussehen besaßen, sanft, anpassungsfähig und leicht zu halten waren. War das Zuchtziel Schnelligkeit, achtete man auf lange Beine und einen stromlinienförmigen Körper; bei Züchtung auf Spürsinn sollten die Beine kürzer und der Rumpf in Bodennähe sein; bei Schoßhunden waren kleinere, leichte Tiere gewünscht, die mühelos hochgehoben und getragen werden konnten. All diese Veränderungen gehen auf eine selektive Zuchtwahl zurück. Miniatur-Hunde zu züchten ist verhältnismäßig einfach: Man muß lediglich die kleinsten Exemplare einer Art miteinander kreuzen. Schon nach wenigen Generationen hat man Hunde mit der gewünschten Statur.

In den letzten Jahrzehnten sind mehrere hundert Hunderassen auf den Hundeausstellungen eingeführt worden, für die jeweils exakt festgelegte Standards bestehen. Hier sind offiziell sechs Hauptkategorien zugelassen: Jagdhunde, Spürhunde, Arbeitshunde, Terrier, Schoßhunde und Gebrauchs- oder Nutzhunde.

Zu den Jagdhunden zählen Pointer, Setter und Retriever, die bei der Jagd für die Fährtenarbeit, das Aufstöbern und Apportieren des Wildes eingesetzt werden. Die Spürhunde helfen ihnen dabei, die Jagdausbeute einzukreisen und zu fangen. Der Foxhound, der zu den Hetzhunden zählt, ist besonders schnell und daher für die Jagd zu Pferde besonders geeignet. Der Basset mit seinen kurzen Beinen begleitet den Jäger, der sich zu Fuß an die Beute heranpirscht. Bei manchen Spürhunden, z.B. beim Bluthund, wurde auf ausgeprägten Geruchssinn gezüchtet; bei anderen, wie beispielsweise dem Greyhound, mehr auf Sehkraft.

Zu den Arbeitshunden rechnen wir u.a. die Wachhunde, Hirtenhunde und andere Rassen, die bestimmte Funktionen übernommen haben, wie beispielsweise die Huskies, die als Schlittenhunde eingesetzt werden. Terrier sind dank ihrer kurzen Beine geradezu prädestiniert, die Fährte kleiner Räuber aufzunehmen, wie z.B. Dachs, Fuchs und dergleichen. Sie zeichnen sich durch besondere Ausdauer und Selbständigkeit aus, was ursprünglich darauf zurückzuführen ist, daß sie gezwungenermaßen auch mal ganz allein und auf sich gestellt die Beute aufzuspüren und zu verfolgen hatten.

Schoßhunde sind, ihrer Funktion gemäß, meist zwergwüchsige Züchtungen. Manche Rassen, wie beispielsweise die Pekinesen oder die Malteser, gelten schon von alters her als erklärte Lieblinge der Reichen und Mächtigen, denen — ihrem aristokratischen Milieu entsprechend — keine weiteren Pflichten auferlegt waren, als Renommierobjekte zu sein. Die Gruppe der Nutz- oder Gebrauchshunde kann diesen elitären Ansprüchen nicht genügen. Ursprünglich waren sie dazu ausersehen, für den Menschen bestimmte Aufgaben zu erfüllen. Auch wenn sie heute ausschließlich Haustiere ohne spezifischen Aufgabenbereich oder Mittelpunkt von Hundeausstellungen oder Shows sind, wurden sie doch vor nicht allzu langer Zeit als Arbeitstiere eingesetzt. Dieser Klasse gehören die unterschiedlichsten Rassen an, z.B. Dalmatiner, die auf Schnelligkeit gezüchtet wurden, um die Pferdekutsche ihres Herrn zu begleiten; Bulldoggen, die als Kampfhunde Verwendung fanden; oder die Lhasa Apso, die aus Tibet stammen und ursprünglich den Palast des Dalai Lama zu bewachen hatten. All diese Aufgaben gehören heute mehr oder weniger der Vergangenheit an, aber die Rassen haben überlebt und werden noch immer unter dem ziemlich unromantischen Begriff »Nutz«- oder »Gebrauchshunde« zusammengefaßt.

Außer all diesen Edelhunden gibt es ein riesiges Heer von

Mischlingen und Hunden ohne Stammbaum. Experten haben geschätzt, daß ihre Zahl weltweit heute auf mehr als 150 Millionen angewachsen ist. Viele sind schon vor Jahrhunderten zu einem Leben in freier Wildbahn zurückgekehrt, wie der australische Dingo und der *Singing Dog*, der in Neu Guinea beheimatet ist. Andere verwilderten oder wurden von ihren Besitzern ausgesetzt; viele schlossen sich zu umherstreunenden Rudeln zusammen, die von den Abfällen der menschlichen Zivilisation leben. Beide Kategorien haben sich, wiewohl sie ja bereits domestiziert waren, wieder an ein Leben außerhalb der menschlichen Gemeinschaft angepaßt. Sie vermischen sich untereinander und vergrößern somit den Bestand der vom Menschen unabhängigen Tiere. Eine dritte Kategorie sind die alleingelassenen und ausgesetzten Streuner, denen es nicht gelungen ist, in ein Rudel aufgenommen zu werden, aber sie haben als Einzelgänger kaum eine Überlebenschance. Und schließlich gibt es noch die Promenadenmischungen, die von ihren Besitzern heiß und innig geliebt und gegen die »verweichlichten Rassehunde« vehement verteidigt werden. Mischlinge, so wird behauptet, stünden der ursprünglichen Erscheinungsform des Hundes unwesentlich näher; deshalb würden sie länger leben als Hunde mit Stammbaum, weniger physische Defekte aufweisen, eine ausgeglichenere »Persönlichkeit« besitzen und selten hypersensibel oder aggressiv sowie insgesamt widerstandsfähiger sein, da sie keine Inzuchtschäden aufwiesen. Solche Verteidigungsreden sind zwar bewundernswert, aber ziemlich unfair gegenüber der Mehrheit der reinrassigen Hunde. In Wahrheit stehen alle modernen Hunderassen ihren Vorfahren noch bemerkenswert nahe. Wie immer ihre Gestalt, Färbung oder Größe auch sein mag, alle Hunde sind und bleiben Nachfahren der Wölfe, und warum wir diese Tatsache positiv bewerten sollten, möchte ich Ihnen gleich näher erläutern.

Es gibt heute drei Theorien über die Abstammung der

Haushunde. Die eine stützt sich auf die These des sogenannten »fehlenden Bindegliedes«. Dieser nicht bekannte Vorfahre soll eine spezifische Wildform, eine dem heutigen Dingo ähnliche Hundeart gewesen sein, der in grauer Vorzeit vom Menschen ausgerottet wurde. Aus der Perspektive der selektiven Zuchtwahl ergibt diese Behauptung einen Sinn, denn sobald der Mensch bestimmte »erwünschte« Merkmalsausprägungen fixiert hatte, war er bemüht, die »unerwünschten« wildlebenden Verwandten auszurotten, um eine Vermischung zu verhindern. Auf diese Weise läßt sich auch die frappante Ähnlichkeit in der Gruppe ehemals domestizierter Hunde rund um den Erdball aufweisen, die verwilderten und sich zu Freß- und Paarungsgemeinschaften zusammengeschlossen haben. Die Dingos in Australien, die Singing Dogs in Neu Guinea, das Heer herrenloser Hunde in Asien, Lateinamerika und im Mittleren Osten zeigen auffällige Übereinstimmungen in Körperbau und äußerer Gestalt. Es ist, als wollten sie uns ständig daran erinnern, wie ihre inzwischen ausgerotteten Vorfahren aussahen. Trotz dieser lebenden Beweise konnte sich die Theorie vom fehlenden Bindeglied jedoch nicht recht durchsetzen.

Eine zweite Theorie besagt, daß unsere heutigen Hunderassen von zwei verschiedenen Wildtierarten abstammen. Konrad Lorenz hat diese Ansicht in seinem Buch »So kam der Mensch auf den Hund« vertreten; aber neuere Forschungen haben gezeigt, daß die Theorie von den »zwei Stammarten« nicht haltbar ist. In umfangreichen Studien wurde nachgewiesen, daß sich der Schakal sowohl vom Hund als auch vom Wolf erheblich unterscheidet, während Hund und Wolf erstaunliche, wissenschaftlich belegbare Übereinstimmungen in fast allen Merkmalsausprägungen zeigen.

Heute hat sich allgemein die dritte Theorie durchgesetzt, die besagt, daß sich alle modernen Haushund-Rassen im Verlauf einer Periode von 8000 bis 12 000 Jahren aus einer einzigen Spezies entwickelt haben: dem Wolf. Vergleichende

Studien der Anatomie und des Verhaltens während der letzten Jahrzehnte haben diese Schlußfolgerungen eindeutig bestätigt. In diesem Zusammenhang wird oft die Frage gestellt, warum verwilderte Hunde dem Wolf in Aussehen und Verhalten nicht ähnlicher sind. Die Frage basiert auf einem Mißverständnis: den wenigsten scheint bekannt zu sein, welche Unterart von *canis lupus* für die stammesgeschichtliche Entwicklung des Haushundes eine Schlüsselrolle spielte. In Filmen oder Zoos sehen wir hauptsächlich russische, skandinavische oder kanadische Wölfe, riesige Tiere mit dickem Pelz, der sie befähigt, auch in den kältesten geographischen Regionen zu überleben. Es ist unwahrscheinlich, daß sie die Ahnen unserer Haushunde sind. Als Stammväter gelten vielmehr die kleinen, weniger kompakten asiatischen Wölfe, die einen dünneren Pelz besitzen und in wärmeren Klimazonen angesiedelt waren. Dieser Wolfstypus weist mehr Ähnlichkeit mit den heutigen verwilderten Hunden auf und legt die Vermutung nahe, daß hier die Ahnenreihe beginnt.

Beobachtungen an wildlebenden Wolfsrudeln haben uns wertvolle Erkenntnisse über die wahre Natur dieser »marodierenden Monster« vermittelt. Dabei hat man festgestellt, daß diese Spezies über eine eindrucksvolle soziale Organisationsform verfügt, in der das Zusammenleben durch eine strikte Rangordnung geregelt wird, und in der »Selbstbeschränkung« und gegenseitige Hilfeleistung zum Verhaltensrepertoire gehören. Der Kampftrieb wird in Gemeinschaftsaktionen ausgelebt, beispielsweise während der Beutejagd oder bei der Verteidigung des Territoriums; Aggressionen gegen die Mitglieder des eigenen Rudels sind selten beobachtet worden.

Mit Sicherheit sind die Ähnlichkeiten im Sozialverhalten von prähistorischen Menschen und Wölfen für das enge Band verantwortlich, das sich in Urzeiten zwischen ihnen entwickelt hat. Beide Spezies lebten in Herden, die ihr Revier verteidigen mußten. Beide unternahmen vom Zentrum ihres Territoriums aus Beutezüge, die der Nahrungsbeschaffung dienten. Beide schlossen sich zu Zweckverbänden zusammen, um Beute zu jagen, die größer war als sie selbst. Beide waren listenreiche Jäger, die mit Umzingelungstaktiken und Angriffen aus dem Hinterhalt arbeiteten. Beide Spezies bevorzugten eine monogame Partnerschaft, und bei beiden sorgte die Gemeinschaft für die Aufzucht der Nachkommen. Beide kommunizierten über ein umfangreiches Repertoire an Körpersignalen, zu denen Mimik und Gestik gehörten.

Bei der ersten Begegnung haben sich Wölfe und prähistorische Menschen aufgrund ihrer ähnlichen Lebensweise vermutlich als Konkurrenten betrachtet. Wehrlose Wolfsjunge wurden wahrscheinlich in die menschlichen Siedlungen mitgenommen, um den Speiseplan abwechslungsreicher zu gestalten, und der eine oder andere wurde dann den Kindern als Spielgefährte überlassen. Da es im Wolfsleben eine bestimmte Phase gibt, in der Jungtiere soziale Verhaltensweisen lernen, fühlten sich diejenigen, die früh genug in die menschliche Gemeinschaft integriert wurden, wohl eher der Spezies Mensch als den Wölfen zugehörig. Das hatte zur Folge, daß sie als erwachsene Tiere automatisch die Aufgaben von Wachhunden übernahmen und Alarm schlugen, sobald ihre scharfen Ohren das Nahen eines Eindringlings registrierten. Vielleicht hat man sie auch zur Jagd mitgenommen, weil sie die Beute eher aufspüren konnten als ihr zweibeiniger Gefährte. Um den Wert dieser caniden Talente nicht zu kennen und zu nutzen, hätte der Mensch schon ziemlich dumm sein müssen. Statt die gefangenen Welpen zu verspeisen, erlaubte er ihnen, sich frei innerhalb der menschlichen Siedlung zu bewegen und fortzupflanzen. Allzu aggressive oder furchtsame Exemplare wanderten kurzerhand in den Kochtopf. Der Rest wurde zum Partner des Menschen und lebte mit ihm — wie wir heute sagen würden — in einer lebenslangen Symbiose.

Im Verlauf der Jahrhunderte hat sich der ursprüngliche Wolfshund-Typus verhältnismäßig wenig gewandelt, auch wenn es einige oberflächliche Veränderungen gegeben haben mag. Eine ungewöhnliche Färbung, wie z.B. ein schwarzes, weißes, geschecktes oder geflecktes Fell, mögen äußerst willkommen gewesen sein, um die einzelnen Exemplare besser zu unterscheiden; aber darüber hinaus sah der Mensch damals wohl wenig Anlaß, seinen prähistorischen caniden Begleiter zu ändern.

Als Ackerbau und Viehzucht die Jagd zu verdrängen begannen, erhielt der Schutz des Eigentums größeren Stellenwert und die Wachhunde wurden — wie die Jagd- und Hirtenhunde — zu einer spezifischen Züchtung. Aber eine Rassenvielfalt, wie wir sie heute kennen, entwickelte sich erst wesentlich später. Sie ist erst in den letzten Jahrhunderten durch die verstärkte, selektive Zuchtwahl des Menschen entstanden. Im Mittelalter gab es in Europa vermutlich nicht mehr als ein Dutzend verschiedener Hunderassen, von denen jede einen ganz eigenen, wichtigen Aufgabenbereich hatte.

Der explosive Rassenzuwachs verdankt seine Entstehung der Industriellen Revolution, die viele Hunde, direkt oder indirekt, als »Arbeitskraft« überflüssig machte. Da sie für bestimmte Aufgaben nicht mehr länger Verwendung fanden und die Teilnahme von Hunden an grausamen Hetzjagden auf Stiere oder Füchse ebenso wie Hundekämpfe verboten wurden, mußten die Hundeliebhaber einen neuen Verwendungszweck für sie finden. Im 18. Jahrhundert wurden in englischen Pubs die ersten Hunde-Wettbewerbe ausgetragen. Zu Beginn des 19. Jahrhunderts hatten sich daraus bereits perfekt organisierte Hundeausstellungen mit strikten Regeln entwickelt. Sogar das Königshaus nahm daran teil, und Rassehunde zu züchten, zu halten und der Öffentlichkeit vorzustellen, kam bald in Mode.

Mit dem Wachstum der Städte nahm auch die Zahl der

Schoß- und Haushunde zu, die von den Menschen in den Ballungszentren als nostalgische Überbleibsel aus der ländlichen Vergangenheit beibehalten wurden. Der Spaziergang im Park ist für viele der einzige Kontakt mit der Natur, der im Hexenkessel der Großstadt noch möglich ist. Eingekerkert zwischen Asphalt und Steinmauern wurde das Bedürfnis nach Kontakt zur Natur übermächtig, und es war und ist auch heute noch eine der wichtigsten Aufgaben des Hundes, dieses Bedürfnis zu befriedigen.

Warum bellen Hunde?

Es ist ein weitverbreiteter Irrtum, daß ein Hund, der bellt, angriffslustig ist. Die Laute, die er von sich gibt, sind vielleicht direkt auf Sie gemünzt, signalisieren aber nicht zwangsläufig eine Bedrohung, sondern dienen vielmehr dazu, die soziale Bezugsgruppe — auch die menschliche —, zu der er sich zählt, zu alarmieren.

Die Botschaft, die der Hund mit seinem Bellen vermittelt, lautet: »Achtung! Aufgepaßt! Hier geht etwas Ungewöhnliches vor.« Bei wildlebenden Hunden hat dieses Signal zweifache Wirkung: die Welpen werden dadurch veranlaßt, Schutz zu suchen und sich zu verstecken, und die erwachsenen Tiere, sich auf eine Gemeinschaftsaktion vorzubereiten. Der Mensch würde in solch einem Fall zu Glockengeläut, Horn oder Gong greifen um anzuzeigen, daß sich jemand der »Feste« nähert. Das Signal gibt keinen Aufschluß darüber, ob es sich bei dem Ankommenden um Freund oder Feind handelt, aber es bewirkt, daß die nötigen Vorkehrungen getroffen werden. Deshalb empfängt der Hund seinen Herrn zunächst mit ebenso lautem Gebell wie den Einbrecher. Sobald der Besucher identifiziert worden ist, folgt auf das Bellen entweder eine freundliche Begrüßungszeremonie oder ein Angriff.

Der Offensivangriff ist völlig lautlos. Ein absolut furchtloser, aggressiver Hund, springt direkt auf Sie zu und beißt. Das zeigen Vorführungen von Polizeihunden, die für die Verbrecherjagd dressiert wurden. Sobald derjenige, der die Rolle des Flüchtigen übernommen und entsprechende Schutzbekleidung angelegt hat, losläuft und der Polizeihund von der Leine gelassen wird, hört man nicht mehr den geringsten Laut. Der Hund nimmt zielstrebig die Verfolgung auf, faßt mit seinen Zähnen den mit Polstern geschützten Arm und läßt erst von ihm ab, wenn der entsprechende Befehl kommt.

Auch von einem fliehenden Hund ist kein Laut zu hören. Er sucht verzweifelt und lautlos das Weite. Lautäußerungen sind im wesentlichen Anzeichen für einen Konflikt oder eine Frustration. Die Tatsache, daß sie häufig mit einem Offensivdrohen gekoppelt sind, zeigt, daß selbst die angriffslustigsten Caniden Furcht kennen. Der absolut lautlose, offensive Angriff, der für den Polizeihund typisch ist, kommt jedoch weit seltener vor als das Angriffsdrohen, das von einem kehligen Grollen und Zähneblecken begleitet wird. Hierbei werden die Lippen zurückgezogen und das Gebiß entblößt eine Mimik, die hochgradige Aggressivität gemischt mit ein wenig Furcht signalisiert. Bei jedem noch so kleinen Anflug von Angst verwandelt sich der lautlose Angriff in ein solches Drohverhalten. Mit Hunden, die so reagieren, ist nicht zu spaßen. Der Kampftrieb ist immer noch viel stärker als der Fluchttrieb. Zähnebleckende Hunde sind der Alptraum jedes Postboten.

Die nächste Stufe in der Skala des Ausdruckverhaltens, die ein höheres Maß an Furcht signalisiert, ist das Knurren. Beim Knurren ist die Angst vielleicht größer als beim Zähnefletschen, aber da noch immer ausreichend Aggression vorhanden ist, kann das Abwehrdrohen jederzeit in einen offenen Angriff übergehen.

Wenn das reine Angriffsdrohen weniger ausgeprägt ist und die Furcht Oberhand gewinnt, wechseln sich Knurren und Bellen ab. Das Knurren wird plötzlich zu einem lauten Gebell ausgedehnt. Diese Sequenz des Knurrbellens wird mehrmals wiederholt. Die Botschaft, die der Hund damit übermittelt, lautet: »Ich möchte dich am liebsten angreifen (Knurren), aber hole wohl besser erst Verstärkung (Bellen).«

Wenn im Hirn des Hundes der Angstimpuls gegenüber der Angriffslust überwiegt, weicht das Knurren einem lauten, wiederholten Bellen, das so lange fortgesetzt wird, bis das auslösende Element verschwunden ist oder die menschliche Familie der Ursache auf den Grund geht.

Besonders kennzeichnend ist der Rhythmus des Bellens beim Haushund, der Ähnlichkeit mit einer Maschinengewehrsalve hat und folgendermaßen klingt: wau-wau-wau ... wau-wau-wau-wau-wau-wau ... wau ... wau-wau-wau, usw. Das anhaltende Gebell, das seine Erregung verrät und gleichzeitig einen ungeheuren Lärm produziert, verdanken wir zehntausend Jahren selektiver Zuchtwahl und nicht den wilden Vorfahren unserer Haushunde. Wölfe bellen zwar auch, aber was sie an Laut von sich geben, ist wesentlich weniger beeindruckend. Man kann es zwar auf Anhieb als Bellen erkennen, wird aber sicherlich verwundert sein, daß es so verhalten und kurz ist. Wölfe bellen weder besonders laut noch häufig und fast immer einsilbig. Am besten könnte man die Lautäußerung wohl als abgehacktes »Wuff« beschreiben, das für gewöhnlich mehrmals wiederholt wird, aber selten den Geräuschpegel und das maschinengewehrartige Stakkato ihrer domestizierten Nachfahren erreicht.

Berichten zufolge sollen Wölfe, die in unmittelbarer Nähe von Haushunden gehalten wurden, nach einiger Zeit gelernt haben, das langgezogene Bellen ihrer domestizierten Nachbarn nachzuahmen. Der Übergang von einem knappen »Wuff« zu einem ohrenbetäubenden Gebell scheint für sie nicht allzu schwierig gewesen zu sein und beweist die erstaunliche Lernfähigkeit dieser Spezies. Darüber hinaus ist anzunehmen, daß in der Frühzeit der Domestizierungsphase Hundehalter bei der Zuchtauswahl besonderen Wert auf Tiere mit großem Stimmvolumen legten, deren Alarmsignale weithin hörbar waren. Aus jedem Wurf Jungen mit noch bescheidenen Wolfs-Wuff wählten sie jeweils die Welpen zur Weiterzucht aus, die über die lauteste Stimme und die größte

Ausdauer beim Lautgeben verfügten, bis sich der heutige, lautfreudige und lautstarke Wachhund entwickelt hatte. Die verbesserte Bellfähigkeit gehört bei fast allen heutigen Hunderassen zur Erbmasse, allerdings tun sich einige Rassen in bezug auf Lautgebung besonders hervor. Nur der Basenji, auch *African Barkless Dog* genannt, scheint seinem Namen gerecht zu werden, da er weitgehend ohne Bellen auskommt. Diese besondere Rasse wurde schon vor 5000 Jahren in Ägypten für die Jagd gezüchtet, und dieser kleine, stille Jagdhund hat offenbar auch später, als er zum Haushund wurde, das Anschlagen als Wachaufgabe nicht wiedererlernt.

Zusammenfassend kann man sagen, daß der bekannte Spruch »Hunde, die bellen, beißen nicht«, ein Körnchen Wahrheit enthält, denn ein Hund, der bellt, ist selten mutig genug zuzubeißen, und ein Hund, der beißt, hat es nicht nötig, mit seinem Gebell die caniden Gefährten zur Verstärkung herbeizurufen.

Warum heulen Hunde?

Hunde bellen öfter als Wölfe, aber dafür heulen sie weniger. Daß diese Lautform bei unseren Haushunden relativ selten ist, liegt an dem unterschiedlichen sozialen Milieu, in dem domestizierte Hunde und ihre wildlebenden Vorfahren leben. Das Heulen dient dem Rudel als Signal zum Sammeln und zur Vorbereitung auf eine Gemeinschaftsaktion. Wölfe heulen vornehmlich am Abend und frühmorgens, bevor sie gemeinsam auf Jagd gehen. Der domestizierte Hund, der sein Fressen vorgesetzt bekommt, bleibt ewig ein Welpe. Für ihn hat die Notwendigkeit, den »Zusammenhalt des Rudels« zu stärken (was die eigentliche Funktion des Heulens ist), keine vorrangige Bedeutung. Genauso selten sieht er sich gezwungen, durch sein Heulen das Rudel zusammenzutreiben. Er heult nur, wenn er z.B. über einen längeren Zeitraum allein gelassen wird. Dieses sogenannte »Trennungsheulen« hat dieselbe Funktion wie das Rudelheulen der Wölfe. Beide besagen: »Ich bin (wir sind) hier ... wo bist du? ... komm her zu mir (uns).« In freier Wildbahn werden die Gefährten von dieser Lautäußerung wie ein Magnet angezogen und stimmen in den »Chorgesang« ein. Menschen, die diesem Ruf nicht folgen, vernachlässigen ihre Pflicht gegenüber ihrem caniden Hausgenossen.

Auch Rüden, die normalerweise nie heulen würden, geben diese langgedehnten und herzzerreißenden Töne von sich, wenn sie eingesperrt wurden, weil sich in der Nachbarschaft eine läufige Hündin befindet. Das heißt nicht, daß Heulen ein primär sexuelles Signal wäre, sondern es zeigt vielmehr an, daß auch in dieser Situation das grundlegende Bedürfnis nach Nähe und Kontakt besteht.

Das Heulen ist so wirkungsvoll, daß Tierforscher es sich zunutze gemacht haben, um Wolfswelpen zu fangen. Oft genügte es schon, sich im Blattwerk eines Baumes zu verstekken und das Heulen erwachsener Wölfe zu imitieren, um die Jungtiere anzulocken und zu veranlassen, in das Geheul einzustimmen. Ältere Wölfe lassen sich von dieser Strategie nicht überlisten, was zeigt, daß die durch das Heulen vermittelte Botschaft noch ein weiteres wichtiges Element enthält. Im Verlauf des Erwachsenwerdens lernen Wölfe, die Stammesgenossen an ihrem Heulen zu erkennen. Auch Forscher konnten nach einiger Zeit die Mitglieder des Rudels, das sie beobachteten, nach ihrem Heulen unterscheiden. Es gibt leichte Abwandlungen in Tonhöhe und -sequenz, die zum individuellen Kennzeichen werden. Die volle Botschaft, die vermittelt wird, lautet also: »Hier bin ich, komm her zu mir.« Möglicherweise enthält sie noch weitere detaillierte Informationen: Manche Wolf-Experten glauben, daß darin auch etwas über die jeweilige Stimmung des Wolfes, der mit weit zurückgelegtem Kopf sein klagendes Geheul beginnt, ausgesagt wird. Und da das Heulen an den Grenzen des Wolfsterritoriums häufiger auftritt, scheint es auch fremden Rudeln anzuzeigen, daß dieses Gebiet besetzt und notfalls verteidigt wird.

Es ist aufschlußreich, daß einzeln lebende Wölfe, die vom Rudel ausgestoßen wurden, nicht in das Chorheulen einstimmen und damit versuchen, wieder Anschluß an die ursprüngliche Sippe zu finden. Sie heulen zwar von Zeit zu Zeit, aber nur dann, wenn das Rudel schweigt. Erhalten sie von anderen Ausgestoßenen Antwort, schließen sie sich mitunter zusammen und gründen ein neues Rudel in einem anderen, noch unbesetzten Territorium.

Doch kommen wir wieder auf den Haushund zurück: Jetzt wissen Sie, warum er normalerweise seltener heult als seine wilden Verwandten. Die sozialen Gegebenheiten, die der auslösende Faktor für das Heulen sind, fehlen hier. Wenn man Haushunde in großen Gruppen halten würde, die eine dem Rudel ähnliche Sozialstruktur aufweisen, heulen sie weit häufiger — wie schon von professionellen Hundezüchtern beobachtet wurde. Viele Hunde heulen auch, wenn sie alleingelassen, wegen einer läufigen Hündin eingesperrt oder ausgesetzt werden und als Streuner ihr Dasein fristen müssen. Aber ein ausgewachsener Haushund, der in einer intakten Gemeinschaft mit seiner Menschen-Familie lebt, hat schlichtweg keine Veranlassung, diese wohl unheimlichste canide Lautäußerung von sich zu geben.

Es gab allerdings eine recht amüsante Ausnahme: Vor der Erfindung des Fernsehens, als man sich in manchen Familien abends noch zusammensetzte, um gemeinsam zu singen und zu musizieren, haben einige Hunde dieses akustische Signal offensichtlich mißverstanden und angenommen, daß ihre

Familie »zum Sammeln blies«. Mit großer Begeisterung und weit zurückgelegtem Kopf folgten sie dem Aufruf zur Jagd und stimmten ins allgemeine »Heulkonzert« ein, waren aber sicher völlig perplex über die negative Reaktion, die sie damit in ihrer »Adoptivfamilie« auslösten.

Warum wedeln Hunde mit dem Schwanz?

Oft hört man — sowohl von Laien als auch von Experten —, daß Hunde, die mit dem Schwanz wedeln, uns freundlich gestimmt seien. Diese Schlußfolgerung ist genauso falsch wie die Annahme, daß eine Katze, deren Schwanz hin- und herpendelt, wütend sei. Was allerdings sowohl dem Schwanzwedeln der Hunde als auch der Katzen zugrunde liegt, ist ein emotionaler Konflikt, der in der Tierwelt generell durch Hin- und Herbewegungen angezeigt wird.

Wenn sich ein Tier in einer Konfliktsituation befindet, fühlt es sich hin und her gerissen. Es möchte gleichzeitig angreifen und sich zurückziehen oder sowohl nach rechts wie nach links ausweichen. Da das eine Bedürfnis das andere ausklammert, verharrt das Tier zunächst in gespannter Abwartehaltung. Der Körper oder bestimmte Körperteile werden, dem einen Drang gehorchend, in die eine Richtung vorgestreckt, dann nach einem Moment reglosen Verharrens im nächsten Augenblick durch eine ruckhafte Bewegung in die Gegenrichtung. Das hat zu einer breiten Skala stark ritualisierter Körpersignale innerhalb der verschiedenen Spezies geführt. Manche Tierarten verdrehen den Nacken, andere machen sprunghafte Stoßbewegungen mit dem Kopf, wenn sie sich in einem Konflikt befinden; weitere Anzeichen für eine Konfliktsituation sind Einknicken der Beine, Scharren mit den Pfoten, Drehen der Schulterpartie, geduckte Körperhaltung, starres Fixieren des Gegners, steiles Aufrichten des Schwanzes oder Schwanzwedeln, das man bei Katzen und Hunden gleichermaßen kennt.

Was geht nun wirklich im Kopf unseres schwanzwedelnden Vierbeiners vor? Im wesentlichen sieht sich das Tier zwischen zwei einander widerstrebenden Bedürfnissen hin und her gerissen. Der Impuls, zu fliehen, hat eine leicht zu erkennende Ursache: Angst. Der Drang, zu bleiben, ist komplexer, zumal es sich hierbei nicht um ein einzelnes, sondern um mehrere unterschiedliche Bedürfnisse handelt. Der Hund möchte vielleicht an Ort und Stelle bleiben, weil er hungrig, aggressiv, kontaktfreudig oder was auch sonst immer ist. Es ist nicht möglich, dem nur eine einzige Bedeutung zuzuordnen. Es ist ein optisches Signal, das nicht isoliert betrachtet werden darf, sondern nur im Zusammenhang mit anderen, gleichzeitig erkennbaren Äußerungen des Hundes richtig gedeutet werden kann. Das möchte ich anhand einiger Beispiele erläutern:

Junge Hunde wedeln nicht von Anfang an mit dem Schwanz. Es wird zwar von einem siebzehn Tage alten Welpen berichtet, daß er zu diesem Zeitpunkt mit dem Schwanz wedelte, aber das ist ungewöhnlich früh. In der Regel beginnen sie damit ab dem dreißigsten Lebenstag, und erst ab dem neunundvierzigsten Tag ist diese Fähigkeit voll ausgeprägt. (Hier handelt es sich um Durchschnittswerte, die je nach Rasse variieren können.) Normalerweise tritt dieses Wedeln bei den Welpen im Zusammenhang mit dem Säugen auf. Eines Tages wird — sobald sie sich in Reih und Glied an den Zitzen zum Trinken versammelt haben — der Schwanz heftig in Bewegung gesetzt. Man könnte natürlich annehmen, daß dies ein Ausdruck von Zufriedenheit sei; aber dann bleibt die Frage, warum sich diese Äußerung nicht schon früher — beispielsweise schon bei zwei Wochen alten Welpen — gezeigt hat. Die Milch war zu diesem Zeitpunkt für sie genauso lebenswichtig und der Schwanz entsprechend ausgebildet — also woran lag es, daß das Wedeln bisher ausblieb? Die Antwort lautet: Es gab noch keinen sozialen Konflikt. Im Alter von zwei Wochen drängen sich die

Welpen noch eng zusammen, weil sie die Wärme und Nähe der Wurfgeschwister brauchen. Es gibt noch keine ernsthafte Rivalität. Aber mit sechs oder sieben Wochen, wenn das Schwanzwedeln als Ausdruckselement voll beherrscht wird, haben die Welpen eine Entwicklungsphase erreicht, in der spielerische Rangkämpfe und ein mehr oder weniger rauher Umgang miteinander vorherrschen. Um zu saugen, sind sie gezwungen, sich zusammenzudrängen und engen Körperkontakt zu Wurfgeschwistern zu ertragen, von denen sie sich gerade noch im spielerischen Kampf distanziert haben. Das verursacht Angstgefühle, die jedoch von dem Bedürfnis, an die dicht nebeneinanderliegenden Zitzen zu gelangen, überlagert werden. Während des Säugens befinden sich die Welpen also in einem Konflikt zwischen Hunger und Angst. Sie möchten trinken, aber gleichzeitig den Wurfgeschwistern nicht zu nahe kommen. Und eben dieser Konflikt ist es, der zum Schwanzwedeln führt.

Dasselbe gilt, wenn die Hundewelpen bei den erwachsenen Tieren um Futterabgabe betteln. Auch hier entsteht ein Konflikt. Sobald sie der Schnauze des Tieres, die das Futter hält, zu nahe kommen, wedeln sie mit dem Schwanz, um sich gegenseitig auf Distanz zu halten.

Als erwachsene Hunde begrüßen sie einander nach einer Trennung, indem sie das Schwanzwedeln zusammen mit weiteren Ausdrucksformen anwenden, die die Bereitschaft zur Kontaktaufnahme signalisieren. Hier entsteht der emotionale Konflikt, weil Freude und Spannung im Widerstreit liegen. Auch bei einem sexuellen Annäherungsversuch wedelt der Hund mit dem Schwanz, weil er sowohl Vorfreude als auch Angst empfindet, ähnlich wie beim Drohverhalten, wo das Schwanzwedeln nicht nur Aggression, sondern auch Angst und damit im Konflikt befindliche Gefühlslagen widerspiegelt.

Auch die Schwanzhaltung variiert. Bei unterwürfigeren Tieren hängt die Rute meist leicht gebogen herunter. Bei aggressiveren ist sie in der Regel steif und nach oben gerichtet. Je demutsvoller und unterwürfiger ein Tier ist, um so tiefer senkt es den Schwanz. Der selbstbewußte Hund wedelt mit hochaufgerichteter Rute.

Wenn all diese Elemente der Körpersprache bei Hund (oder Wolf) in ihrem jeweiligen sozialen Kontext so leicht zu erkennen sind, warum ist das Schwanzwedeln dann so oft als freundliche Geste mißdeutet worden? Die Antwort ist, daß wir mit Begrüßung zwischen Mensch und Tier viel vertrauter sind als mit den Begrüßungszeremonien, die Hunde untereinander pflegen. Ein Rudel Hunde bleibt den größten Teil der Zeit zusammen, während der menschliche Partner Tag für Tag aufs neue kommt und geht. Wir sehen nur, wie der Hund sein Herrchen oder Frauchen immer wieder freudig begrüßt. Freude und Aufregung sind die überwiegenden Stimmungselemente bei der Rückkehr des menschlichen Rudelführers, gepaart allerdings mit einer vagen Spannung, die ausreicht, einen Konflikt — und somit das Schwanzwedeln — auszulösen.

Für viele ist der Gedanke, unser Hund könnte noch etwas anderes als Liebe für uns empfinden, vielleicht unerfreulich. Daß er sich vor uns fürchten könnte, wollen wir nicht wahrhaben. Aber denken Sie nur einmal an die unterschiedliche Körpergröße. Der Mensch muß dem Hund wie ein Riese vorkommen, und das allein ist für den Vierbeiner schon beunruhigend genug. Dazu kommt, daß Hunde uns in so vieler Hinsicht unterlegen, ja, von uns abhängig sind, um zu überleben, da sollte es uns eigentlich nicht erstaunen, daß sie uns gegenüber gemischte Gefühle hegen.

Schwanzwedeln soll außerdem nicht nur ein optisches Signal sein, sondern auch ein olfaktorisches — also der geruchlichen Kommunikation dienen. Das ist für uns Menschen wiederum schwer verständlich, es sei denn, wir bemühen uns, die Welt einmal aus der Perspektive des Hundes zu betrachten. Hunde haben einen Eigengeruch, der vorwiegend von Drüsen aus der Analregion abgesondert wird. Durch das rhythmische Schwanzwedeln werden diese Duftdrüsen stimuliert. Ist die Rute hoch aufgerichtet, wie bei selbstsicheren Hunden, wird die Produktion ganz erheblich erhöht. Obwohl der Geruchssinn des Menschen nicht ausgeprägt genug ist, um diese persönlichen Duftnoten zu unterscheiden, haben sie für die Tiere selbst große Bedeutung. Dieses zusätzliche Erkennungsmerkmal hat mit Sicherheit dazu geführt, daß das Schwanzwedeln, Signal eines inneren Konfliktes, im Sozialleben der Caniden eine so ungeheuer große Rolle spielt.

Warum hecheln Hunde so viel?

Menschen keuchen, wenn sie schnell gelaufen sind, um den Bus noch zu erwischen, aber diese beschleunigte Atmung kommt bei Menschen weit seltener vor als bei Hunden. Ein Hund hechelt oft, ohne seinen Körper zu bewegen. Wenn ihm zu heiß ist, reißt er einfach sein Maul weit auf, läßt seine Zunge heraushängen und beginnt, in schnellen, schweren Stößen zu atmen. Dabei befeuchtet er ständig seine lange Zunge, um den Verdunstungsprozeß zu verstärken; genau darauf basiert nämlich diese »Kühlmethode«. Ein überhitzter Hund trinkt mehr als gewöhnlich, um die Oberfläche der Zunge ständig feucht zu halten. Ohne diesen Mechanismus wären sicher schon viele Hunde einem Hitzschlag erlegen.

Warum brauchen Hunde dieses besondere »Kühlsystem« des Hechelns zur Regulierung ihrer Körpertemperatur? Es hat damit zu tun, daß ihre Haut ganz spezifisch beschaffen ist, indem sie — im Gegensatz zu uns — nur zwischen den Zehen Schweißdrüsen aufweist. Wir können unsere Temperatur durch Schweißbildung am gesamten Körper reduzieren; Hunde haben diese Möglichkeit nicht.

Merkwürdigerweise haben die engsten Begleiter des Menschen — Pferd, Hund und Katze — alle drei verschiedene Abkühlungsmechanismen entwickelt. Pferde schwitzen wie wir, durch die gesamte Körperhaut; Katzen lecken ihr Fell, wenn ihnen zu warm ist, und verteilen damit Speichel als kühlende Flüssigkeit über den Körper; und Hunde hecheln.

Daß die Caniden die Methode des Hechelns anwenden, hat zweifellos damit zu tun, daß ihre wilden Vorfahren ein sehr dickes Fell besaßen. Es war damals wahrscheinlich wichtiger, im Winter nicht zu frieren, als im Sommer zu schwitzen. Aufgrund der Fellbeschaffenheit war die Schweißabsonderung wenig wirksam für die Temperaturregelung, und so verloren die Schweißdrüsen ihre Funktion. Heute haben die meisten Hunderassen ein dünneres Fell und an heißen Sommertagen könnte so manches Tier wieder von Schweißdrüsen in der Haut profitieren, aber die notwendige Re-Evolution entsprechender Aktivitäten gehört nicht zu den genetischen Veränderungen, die der vom Menschen

initiierte Wandel der Fellbeschaffenheit mit sich gebracht hat. Selbst die nackthäutigen Hunderassen, wie beispielsweise der fellose *Mexican Hairless Dog*, für den die Schweißabsonderung wieder eine lebenswichtige Funktion darstellen könnte, verfügt über eine bemerkenswert trockene Haut, selbst bei extremer Hitze. Die Körpertemperatur dieser exotischen Rasse soll bei rund 40 Grad Celsius liegen (während andere Caniden Körpertemperaturen von durchschnittlich 38 bis 38,6 Grad Celsius aufweisen), was sich allerdings in neuerlichen Tests nicht bestätigt hat. Sie scheinen mehr oder weniger dieselbe Körpertemperatur wie andere Hunderassen zu besitzen, allerdings fühlt sich ihre nackte Haut heißer an. Es heißt, daß diese Rasse schon von den Ureinwohnern Mexikos sozusagen als lebende »Wärmflasche« für kalte Nächte gezüchtet wurde. Das Fehlen von Schweißbildung und — gegenüber der menschlichen — etwas erhöhte Körpertemperatur, sollten sie für diese Rolle geradezu prädestinieren.

Warum heben Hunde so oft das Bein?

Heute ist wohl jeder mit der Tatsache vertraut, daß vor allem für Rüden das Urinieren nicht nur dazu dient, überflüssige Körperflüssigkeit auszuscheiden. Jeder Tierfreund hat schon einmal beobachtet, daß Hunde sich bei einem Spaziergang hauptsächlich für die chemischen Signale interessieren, mit denen ihre männlichen Artgenossen bestimmte Reviere gekennzeichnet haben. Jeder Laternenpfahl oder Baumstamm wird mit begieriger Aufmerksamkeit und Gründlichkeit beschnüffelt. Nachdem die »Duft-Botschaft« entschlüsselt worden ist, hinterläßt der Hund seine eigene Markierung und überdeckt damit die alte Duftmarke.

Im Welpenalter gehen Hündinnen wie Rüden in die Hokke, um zu urinieren; erst später, in der Pubertät — ungefähr mit acht oder neun Monaten — heben die Rüden dabei das Hinterbein. Das angehobene Bein wird steif und vom Körper abgewinkelt ausgestreckt, so daß der Strahl seitwärts statt direkt nach unten gerichtet ist. Das Beinheben ist ein so übermächtiges Bedürfnis, daß auf langen Spaziergängen, bei denen der Rüde laufend auf fremde Urin- und Kotmarkierungen trifft, der Urinvorrat nicht ausreicht. In diesem Fall kann man beobachten, wie der Hund verzweifelt versucht, noch ein paar Tropfen herauszupressen, um seine Visitenkarte zu hinterlassen. Selbst wenn die Blase völlig leer ist, macht er mit gehobenem Bein Markierbewegungen — ein Zeichen dafür, daß dieses Bedürfnis völlig eigenständig und losgelöst von der Funktion des Wasserabschlagens besteht.

Das Beinheben ist auch von der sexuellen Potenz des Tieres unabhängig. Rüden, die schon vor Beginn der Pubertät kastriert wurden, heben genauso häufig das Bein wie sexuell voll aktive Tiere. Obwohl hauptsächlich ausgewachsene Rüden markieren, scheint diese Aktivität nicht vom jeweiligen Testosteronspiegel abhängig zu sein. Aber selbst wenn man davon ausgeht, daß sie nicht vom Sexual-Hormonhaushalt gesteuert wird, läßt sie Erkenntnisse über die sexuelle Verfassung des Tieres zu, weil mit dem Urin auch bestimmte Sexualhormone ausgeschieden werden. Im Urin nachweisbar sind auch Sekrete mit einem bestimmten Eigengeruch, die von verschiedenen Duftdrüsen des Rüden abgesondert werden und seiner Markierung eine ganz persönliche Note verleihen.

Es werden drei Gründe genannt, warum Rüden beim Markieren das Bein heben, anstatt sich in Hockstellung zu

begeben. Erstens — und das ist vielleicht der wichtigste Grund — soll das Geruchssignal so lange wie möglich frisch bleiben. Duftmarken die sich auf dem Boden befinden, werden eher verwischt als solche, die vertikal in einer erhöhten Position angebracht sind. Zweitens lassen sich durch die Plazierung in Nasenhöhe sowohl die eigenen als auch fremde Duftmarken einfacher beschnüffeln. Drittens wissen dadurch sowohl die Artgenossen als auch die Markierenden selbst, wo ihre eigenen und fremde Duftmarken überhaupt zu suchen sind. Man kann beobachten, wie ein Hund manchmal zielstrebig auf einen einzelnen Laternenmast oder Baum zuläuft, daran schnüffelt und danach das Bein hebt. Mit anderen Worten, die vertikal gesetzten Markierungen helfen, die Anzahl der Plazierungsmöglichkeiten in Grenzen zu halten.

Ein weiterer Vorteil dieses hauptsächlich den Rüden vorbehaltenen Markierungssystems besteht darin, daß ein Hund auch aus größerer Entfernung an der Silhouette erkennen kann, ob es sich bei dem Artgenossen um eine Hündin oder einen Rüden handelt: Er braucht lediglich zu beobachten, wie dieser uriniert, und kann dann entscheiden, ob er sich ihm nähern soll oder nicht.

Welche Botschaften enthalten die Duftmarken nun im einzelnen? Heute gibt es mehrere Hypothesen, die mit großer Wahrscheinlichkeit alle zutreffen. Erstens glaubt man, daß diese Botschaften primär für den Markierenden selbst wichtig sind. Dadurch, daß der Hund sein Revier durch Duftmarken kennzeichnet, macht er es zu seinem Territorium. Nach einem Ausflug in eine andere Region erkennt er an seinem eigenen Duft, daß er sich wieder auf heimatlichem Boden befindet. Wir fühlen uns in unseren menschlichen Behausungen zu Hause, weil wir sie mit persönlichen Besitztümern und allerlei Nippes geschmückt haben. Hunde fühlen sich zu Hause, weil sie die Grenzen ihres Territoriums mit ihrem persönlichen Duft versehen. Die zweite Theorie besagt, daß die Markierungen anderen Hunden Aufschluß über die sexuelle Kondition und den territorialen Besitzanspruch bestimmter Nachbarn geben sollen. Sie dienen also sowohl der Zusammenführung der Geschlechter als auch der Abschrekkung vierbeiniger Eindringlinge. Im Widerspruch dazu steht das Argument, daß Rüden von den Duftmarken anderer Hunde fasziniert sind und selten davor zurückschrecken oder Furcht zeigen. Aber die Tatsache, daß diese fremden Markierungen nicht als Bedrohung empfunden werden, besagt noch nicht, daß sie keine Besitzansprüche demonstrieren. In einer leichten Abwandlung dieser Theorie heißt es, daß der eigentliche Zweck der Duftmarkierung eine Art »Time-sharing-Prinzip« sei. Wenn beispielsweise in freier Wildbahn zwei Hunderudel in unmittelbarer Nähe konfliktfrei leben wollen, zahlt es sich aus zu wissen, wann und wie der Nachbar die Grenzen des eigenen Territoriums passiert. Da Stärke und Qualität der Duftmarken von ihrer Frische abhängen, läßt sich daran genau ablesen, wann und wie häufig andere das Revier durchstreifen. Dadurch können sich zwei Rudel in solchen gemeinsam frequentierten Gebieten aus dem Wege gehen und direkte, oft unheilvolle Konfrontationen vermeiden.

Studien von streunenden Dorfhunden haben gezeigt, daß diese jeden Tag mindestens zwei bis drei Stunden damit verbringen, alle in ihrem Territorium befindlichen Duftmarken zu prüfen. Das führt zu täglichen Expeditionen, die sich über mehrere Kilometer erstrecken können. Dabei wird jede einzelne Duftmarke genau untersucht und entschlüsselt. Obwohl mit dieser Tätigkeit ein großer Arbeits- und Zeitaufwand verbunden ist, hat so jeder Dorfhund eine exakte »Landkarte« von seinem Terrain, die ihm detaillierte Informationen über die Größe der örtlichen Hunde-Population, über jede Bewegung innerhalb seines Bereiches und über die sexuelle Disposition und Identität seiner Mitbewohner liefert.

Von Hündinnen wird im allgemeinen angenommen, daß bei ihnen das Beinheben total unüblich sei, aber das stimmt nicht ganz. Tatsache ist, daß ein Viertel aller Hundedamen beim Urinieren ein Hinterbein hebt, wenn auch auf andere Weise als Rüden. Hündinnen ziehen das Hinterbein mehr unter dem Körper hoch, anstatt es seitlich abzuspreizen. Das Resultat ist, daß der Urin bei ihnen statt in Höhe der Hundenasen auf dem Boden landet. Gelegentlich lösen sie dieses Problem dadurch, daß sie sich zu einer Art »Handstand« aufschwingen, sich rückwärts an einen Laternenmast oder eine Mauer schieben und beide Hinterbeine während des Urinierens in die Höhe heben. Nur selten wurden Hündinnen beobachtet, die wie Rüden markieren.

Warum scharrt ein Hund nach der Kotabsonderung?

Jeder Hundebesitzer hat schon einmal beobachtet, daß Hunde — vor allem Rüden — nach der Kotabsonderung scharrende Bewegungen machen. Sie stellen sich direkt neben die Stelle, an der die Exkremente deponiert wurden, und schaufeln mit Hilfe der Vorder- und insbesondere der Hinterläufe den Kot mit Erde zu. Manchmal, wenn auch seltener, sieht man die Scharrbewegungen auch nach dem Urinieren.

Ursprünglich hat man geglaubt, daß das Zuscharren der Exkremente aus Urzeiten stammen müsse, als die wilden Vorfahren der Haushunde ihre Fäkalien noch wie die Katzen bedeckten. Diese Funktion sei durch die Domestikation überflüssig geworden — so nahm man an — und habe sich nur noch als rudimentäres und inzwischen unnützes Restelement einer Prozedur erhalten, die einst hygienisch und sinnvoll war. Das entspricht jedoch nicht den Tatsachen. Neuere Studien an wildlebenden Wolfsrudeln haben gezeigt, daß diese die gleichen Scharrbewegungen ausführen. Daraus läßt sich die Schlußfolgerung ziehen, daß die Haustierwerdung zumindest in diesem Punkt keinen »Verfall« mit sich gebracht hat.

Eine andere Theorie besagt, daß Hunde mit dem Zuscharren ihres Kots versuchen, das Areal, das mit ihrer persönlichen Duftnote markiert ist, zu vergrößern. Es gibt verschiedene Spezies unter den Tieren, die ihre Exkremente im weiten Umkreis verstreuen: z.B. das Nilpferd, das durch Hin- und Herwedeln mit seinem abgeflachten Schwanz den

Kot wie ein Ventilator verteilt. Dennoch: Hunde sind beim Verscharren ihres Kots zwar mit den Pfoten immer dicht daneben, aber sie vermeiden es, ihn direkt zu berühren.

Es bleiben zwei weitere mögliche Erklärungen. Erstens: Man hat bei wildlebenden Wölfen beobachtet, daß diese beim Scharren das Erdreich in einem größeren Umkreis rundherum aufwühlen und damit die geruchliche Signalwirkung durch eine gut sichtbare visuelle Markierung verstärken. Bei unseren Haushunden, die während ihres Spaziergangs nur Pflaster oder andere vielbegangene Untergründe unter den Pfoten haben, ist der visuelle Effekt beim Scharren gering. Das ist schlicht ihr Pech, denn in einer natürlicheren Umgebung würden durch das Scharren unübersehbare Spuren zurückgelassen.

Zweitens: Da sich die einzig aktiven Schweißdrüsen beim Hund zwischen den Zehen befinden, könnte man annehmen, daß er der persönlichen Duftnote, die bereits im Kot enthalten ist, durch das Scharren noch eine weitere hinzufügen möchte. Diese Theorie mag nicht besonders überzeugend klingen, weil wir Menschen den Geruch canider Exkremente leicht ausmachen können, während uns das Gespür für den Fußschweiß von Hunden fehlt. In der duftreichen Welt der Hunde besitzt diese Form der Markierung vielleicht eine nur ihnen verständliche wichtige Botschaft. Damit ließe sich auch die leidenschaftliche Begeisterung erklären, mit der unsere vierbeinigen Freunde uns auf einem Spaziergang begleiten. Es ist wahrscheinlich, daß die Scharrbewegung in einer natürlichen Umgebung sowohl ein visuelles als auch ein Geruchssignal darstellt.

Haben Hunde ein schlechtes Gewissen?

Viele Hundehalter behaupten, ihre Hunde würden ein schlechtes Gewissen zeigen, wenn sie etwas Verbotenes getan hätten, und daß es scheint, als wollten sie sich für ihr Fehlverhalten entschuldigen. Übertragen diese Leute auf ihren Hund menschliche Gefühle, die er in Wirklichkeit gar nicht besitzt, oder ist er tatsächlich fähig, Schuldgefühle zu empfinden?

Die einleuchtendste Erklärung für dieses ungewöhnlich submissive Verhalten eines Hundes, der gegen die Regeln des Zusammenlebens verstoßen hat, ist wohl, daß das Tier mit seiner Demutshaltung einem Wutausbruch oder einer Bestrafung vorbeugen will. Hunde haben ein ausgezeichnetes Gespür für menschliche Intentionen und Aktionen, die sich daraus ableiten. Ein Hundebesitzer, der gerade im Begriff ist, seiner Wut Luft zu machen, spannt vielleicht seinen Körper, bevor das Donnerwetter beginnt. Der Hund ist in der Lage, diese Frühwarn-Signale aufzufangen und sich entsprechend zu verhalten. Wenn er sich seinem Herrn unter Demutsbezeugungen nähert, bevor er ausgescholten wird, hat er vielleicht nur richtig erraten, was ihn erwartet. Diese Reaktion läßt sich nicht als schlechtes Gewissen oder Schuldgefühl bezeichnen. Sie ist vielmehr aus der Angst heraus geboren.

Manche Hundebesitzer beharren jedoch darauf, daß ihre Hunde schon Schuldbewußtsein zeigen, bevor ihre Untat überhaupt entdeckt worden ist. Als Beispiel werden oft die Situationen angeführt, in denen ein Hund zu lange allein in einem Zimmer eingesperrt war und sein »Geschäft« auf dem Teppich erledigt, oder aus Langeweile Schuhe, Handschuhe oder andere Gegenstände, die sich in Reichweite befanden, angeknabbert hat. Wenn der Hund gelernt hat, daß all das verboten ist, begrüßt er die Rückkehr seines Herrn zwar freudig, aber wirkt gleichzeitig auch ungewöhnlich demütig und bedrückt. Solange sein Herrchen den Schaden noch nicht entdeckt hat, fehlen bei diesem auch die ersten Anzeichen einer nahenden Strafmaßnahme. Folglich könnte man das Verhalten des Hundes auch als eine Art »Beschwichtigungsgeste« bezeichnen, die auf der Erkenntnis basiert, daß er etwas Unrechtes getan hat. In dieser Hinsicht verfügt er tatsächlich über eine gewisse Einsicht und Schuldgefühle.

Ein ähnliches Verhaltensmuster wurde auch bei Wölfen beobachtet. Man hat einem hungrigen Wolfsrudel, das in Gefangenschaft lebte, einen großen Fleischbrocken zugeworfen, und zwar so, daß er vor einem der schwächeren Tiere zu Boden fiel. Dieses rangniedere Rudelmitglied riß die Beute an sich und schlich damit in eine Ecke des Geheges. Als sich die ranghöheren Artgenossen näherten, bleckte es die Zähne und schnappte nach ihnen, um seinen Schatz zu verteidigen. Im Wolfsrudel gilt das Gesetz, daß derjenige beim Fressen Vorrang hat, der die Beute als erster in Besitz nimmt, ungeachtet seiner Stellung in der Hierarchie. Mit anderen Worten: gleichgültig wie hoch oder niedrig der soziale Status, wer sich einen Fleischbrocken ergattert, darf ihn behalten. Selbst die mächtigsten Mitglieder des Rudels werden ihm die Beute nicht mehr abnehmen. Wölfe respektieren die sogenannte »Besitzgrenze«, die sich etwa 30 bis 40 Zentimeter von der Schnauze jedes fressenden Tieres befindet und nicht verletzt werden darf. (Hundehalter haben sicher schon ein ähnliches Phänomen beobachtet. Selbst die rangniedersten und friedlichsten Hunde schnappen zu und werden aggressiv, wenn man ihnen beim Fressen oder Knochennagen zu nahe kommt.) Bei dem zuvor erwähnten hungrigen Wolfsrudel hätten die dominierenden Tiere die Beute dem rangniederen zwar am liebsten mit Gewalt entrissen, aber sie taten es nicht. Sie warteten statt dessen, bis er die Hälfte des Fleischbrockens vertilgt hatte, und stahlen ihm dann — in einem Moment, als er unachtsam war — den Rest und teilten diesen unter sich auf. Nach Beendigung der Mahlzeit näherte sich der rangniedere Wolf jedem einzelnen ranghöheren Tier mit allen Zeichen von Unterwürfigkeit, obwohl diese keine Drohhaltung oder Aggressionsbereitschaft gegenüber dem Schwächeren erkennen ließen. Es sah aus, als wolle sich der Fleischdieb für sein Verhalten entschuldigen und zu erkennen geben, daß er damit nicht beabsichtigt hatte, die Rangordnung anzufechten.

Auch wenn Hundebesitzern derartige Verhaltensweisen so vertraut sind, daß sie sie als selbstverständlich hinnehmen, sind sie doch ein Zeichen dafür, daß Hunde über ein kompliziertes System gesellschaftlicher Regeln verfügen, an die sie sich auch halten. Es gibt nicht viele Spezies, die ein solches Sozialgefüge kennen und wahren, das sich direkt von der komplexen sozialen Ordnung herleitet, die bei den wilden, im Rudel organisierten Vorfahren unserer Haushunde herrschte.

Wie fordern Hunde zum Spielen auf?

Bei den meisten Säugetierarten legt sich der Spieltrieb, wenn die Tiere erwachsen werden. Es gibt zwei Ausnahmen: Hund und Mensch. Im Laufe der Evolution ist der Mensch zu einer Art »jugendlichem Affen« geworden, der sich gerne kindliche Neugierde und Verspieltheit auch im Erwachsenendasein bewahrt hat. Eben diesem spezifischen Unterschied verdankt die Menschheit ihre bemerkenswerte Erfindungsgabe und ihren wachsenden Erfolg. Deshalb ist es nicht verwunderlich, daß der liebste und engste vierbeinige Gefährte des Menschen seine ungeheure Spielfreude teilt.

So wie wir Menschen »juvenile« Affen sind, ist der Hund ein juveniler Wolf. Auch als erwachsene Tiere — selbst noch in fortgeschrittenem Alter — zeigen alle Hunderassen den gleichen starken Spieltrieb. Sie stehen allerdings vor dem Problem: wie sie den Artgenossen oder den Menschen verständlich machen können, daß sie in Spiellaune sind. Da zum Spiel auch scheinbar aggressive und defensive Verhaltensweisen gehören, ist es wichtig, dem Partner klarzumachen, daß es sich hier um Spiel, nicht um Ernst handelt. Das wird durch bestimmte Spielaufforderungsmuster bewirkt.

Das wohl beliebteste »Spiel-mit«-Signal ist eine bestimmte Stellung, bei der der Hund den vorderen Teil seines Körpers fast bis zum Boden herabbeugt, während der hintere Teil aufgerichtet bleibt. Die Vorderbeine sind dabei stark angewinkelt, etwa in der Stellung einer »Sitzenden Sphinx«, wobei die Brust den Boden berührt oder berühren kann. Die

Hinterbeine sind steif und vertikal durchgestreckt. In dieser Stellung fixiert der Hund seinen Partner und macht dabei kurze, ruckhafte Vorwärtsbewegungen, die ausdrücken sollen: »Nun komm schon … komm …!« Wenn dieser der Aufforderung nachgibt, folgt entweder eine spielerische Verfolgungsjagd oder Flucht. Aufgrund der vorangeschickten Spielaufforderung führt diese Jagd so gut wie nie zu einem echten Kampf oder die Flucht zu einer ernsthaften Verletzung des Unterlegenen. Im Gegenteil, Verfolger und Verfolgter tauschen wiederholt ihre Rollen, und zwar innerhalb so kurzer Zeitabstände, daß man schon daran erkennen kann, daß sie nicht wirklich Aggressionen oder Furcht empfinden, sondern spielerisch soziale Verhaltensweisen oder Rollen üben. Typisch für diese Spielform ist das Im-Kreis-Laufen.

Ursprünglich hat man angenommen, daß die Vorderkörper-Tief-Stellung eine leicht abgewandelte Streckbewegung sei. Sie ähnelt in der Tat dem Dehnen der Beine, das bei Hunden direkt nach dem Aufwachen, bevor sie aktiv werden, zu beobachten ist. Durch die Streckbewegung könnte der Hund möglicherweise andeuten, daß er entspannt sei, und das zu erwartende Angriffs- und Fluchtverhalten ein Spiel ist. Eine viel einleuchtendere Deutung wäre allerdings, daß das Strekken eine Art eingefrorene Absichtserklärung zum Schnellstart ist, vergleichbar etwa der Hockstellung, in der ein Langstreckenläufer auf den Startschuß wartet.

Es gibt noch verschiedene andere, typische Spielaufforderungssignale. Zu ihnen zählt das sogenannte Spielgesicht, eine Ausdrucksbewegung, die dem menschlichen Lachen gleichzusetzen ist und ähnliche Komponenten enthält. Ober- und Unterlippe werden horizontal, aber nicht vertikal, weit nach hinten gezogen. Dadurch wird die Mundlinie länger; die Mundwinkel befinden sich dabei in Ohrnähe. Die Schnauze ist leicht geöffnet, ohne die Zähne zu entblößen — im Gegensatz zum Angriffsdrohen, bei dem mit vorgezogenen Mundwinkeln und hochgezogener Nase sämtliche Vorderzähne gebleckt werden. Ein Hund, der sein Spielgesicht aufgesetzt hat, ist nicht im mindesten aggressiv.

Andere Signale, die der Spielaufforderung dienen, sind das Anstoßen mit der Schnauze, das Pföteln und das sogenannte Spieltragen. Die Stupsbewegung mit der Nase ist ein Relikt aus frühester Kindheit, als die Welpen noch von der Mutter gesäugt wurden. Das Pföteln stammt ebenfalls noch aus dieser Zeit: Ein Hund, der zum Spielen aufgelegt ist, setzt sich regungslos hin, fixiert starr seinen Partner und macht dann eine Abwärtsbewegung mit der Pfote, als ob er ihn anlocken wolle.

Das sogenannte Spieltragen hat als Signal ebenfalls hohen Aufforderungscharakter. Der Hund bringt irgendeinen Gegenstand — einen Ball oder ein Stöckchen — und legt sich vor dem Spielkameraden hin, indem er den Gegenstand zwischen seinen Vorderpfoten festhält und den Spielpartner bittend anschaut. Sobald dieser Anstalten macht, danach zu greifen, schnappt der Hund das Spielzeug mit den Zähnen

und bringt es in Sicherheit. Wenn der Spielpartner hinter ihm herläuft, hat der Hund sein Ziel erreicht: Der andere geht auf seine Spielregeln ein. Wenn nicht, wird die Aufforderung wiederholt.

Manche Hunde scheinen beim Spielen außer Rand und Band zu geraten, vor allem dann, wenn sie über einen längeren Zeitraum im Haus eingesperrt waren und nun endlich ins Freie dürfen. Sie fordern den Partner durch wilde Sprünge und Kapriolen zum Mitspielen auf. Sie laufen beispielsweise hin und her, springen hoch, drehen sich im Kreis oder rennen im Zick-Zack. Diese Bewegungen sind charakteristischerweise stark übertrieben. Sie können auch ab und zu von der Körper-Tief-Stellung abgelöst werden, allerdings nur für einen kurzen Augenblick, weil der Bewegungstrieb übermächtig scheint. Diese Verhaltensmuster kann man auch bei wildlebenden Wölfen beobachten, die damit ihre Beute auf sich aufmerksam machen wollen. Die seltsam tänzelnden Bewegungen wirken faszinierend auf das Opfer, das sich nun leichter anpirschen läßt. Noch im letzten Jahrhundert bedienten sich die Entenjäger im nordamerikanischen Raum dieses Tricks. Sie ließen absichtlich ihre Jagdhunde, meistens Pudel, auf einer Lichtung herumtoben. Die Wildenten, inzwischen neugierig geworden, konnten nicht widerstehen, sich dieses seltsame Treiben einmal aus der Nähe anzuschauen — und das wurde ihnen zum Verhängnis. Diese Strategie nannte man »Locken«, und die Hunde, die den Jägern halfen, »Lockhunde«. Die Tatsache, daß sich sogar Wildenten von diesem Verhalten animieren ließen, zeigt, daß der Aufforderungscharakter der caniden Spielsignale im Verlauf der Evolution ungeheuer groß geworden ist.

Einige junge Hunde sind allerdings zu ängstlich, um der Spielaufforderung älterer Artgenossen Folge zu leisten. Die erwachsenen Vierbeiner finden das oftmals frustrierend und versuchen beharrlich und mit allen Mitteln, den jüngeren doch noch zum Spielen zu »überreden«. Zu den Strategien, die insbesondere in diesem Zusammenhang Aussicht auf Erfolg haben, zählen die sogenannten Beschwichtigungsgesten, wozu beispielsweise auch das Auf-den-Rücken-Werfen gehört. Ein dominantes Tier rollt sich dicht neben dem ängstlichen Spielpartner auf den Rücken und nimmt damit eine passive und unterwürfige Pose ein. Dieser kurzzeitig angenommene niedrige Status verleiht dem Partner das Gefühl, überlegen zu sein. Er überwindet seine Scheu, kommt tapfer näher, und das Spiel kann beginnen. Diese Interaktionsform kann man auch bei sehr großen, ausgewachsenen Hunden beobachten, die sich einen beträchtlich kleineren Spielpartner ausgesucht haben. Die Geste der Unterwerfung, die der körperlich überlegene Hund zeigt, ist ein Signal für den kleinen, daß ihm in dem Spiel, das nun beginnt, keine Gefahr droht.

Es ist besonders wichtig, daß erwachsene Hunde schon im Welpenalter gelernt haben, mit den Wurfgeschwistern zu spielen. Sie müssen in den ersten Lebensmonaten das sogenannte Spielbeißen geübt haben. Zunächst zeigen die Jungen bei ihren spielerischen Ringkämpfen noch keine Beißhemmung. Das heißt, sie fassen im Eifer des Gefechts auch schon einmal stärker zu, und der Biß ihrer scharfen Zähne hat ein schmerzerfülltes Winseln oder Jaulen des Opfers zur Folge. Erst wenn sie merken, daß dadurch die spielerische Rauferei abrupt ein Ende findet, lernen sie, sich beim Zubeißen zurückzuhalten. Hunden, die als Welpen von den Wurfgeschwistern isoliert aufgezogen worden sind und diese Spielphase nicht erlebt haben, fehlt dieser Kontrollmechanismus. Nicht selten kommt es vor, daß sie den Spielpartner mit ihrem Biß ernsthaft verletzen und damit einen echten Kampf auslösen. Solche Hunde sind — besonders in Parks, wo viele Vierbeiner von der Leine gelassen werden, damit sie ungehindert miteinander spielen können — eine echte Plage.

Warum lassen sich Rüden so gerne die Brust kraulen?

Eine bekannte Hundetrainerin hat einmal während einer Fernsehaufzeichnung bei ihrem Studio-Publikum Lachkrämpfe ausgelöst, als sie erklärte, daß es äußerst wichtig sei, männliche Wesen zwischen den Beinen zu kraulen. Gemeint hatte sie damit natürlich Hunderüden und jene Körperstellen, an denen ihnen die Berührung am besten gefällt. Es gibt in der Tat sieben Möglichkeiten, die freundschaftliche Verbundenheit von Mensch und Hund durch physische Kontaktaufnahme zu demonstrieren. In jeder einzelnen stecken verborgene Faktoren, die äußerst interessant und aufschlußreich sind.

Wenn wir einem Rüden die Brust kraulen, so etwa zwischen dem Hals und den Vorderbeinen, empfindet er das wirklich als sehr angenehm. Der Grund liegt auf der Hand: Wenn er eine Hündin besteigt und penetriert, reibt sich seine Brust in einem bestimmten Rhythmus am Rücken seiner Gefährtin. Wenn wir ihn mit der Hand an der Brust kraulen, erinnert ihn das automatisch an die entsprechenden angenehmen Empfindungen. Diese Kontaktform ist vor allem dann zu empfehlen, wenn der Rüde ein besonderes Lob verdient hat.

Er empfindet auch großes Behagen, wenn man ihn hinter den Ohren krault und krabbelt. Auch dieses Behagen hat seine Wurzeln im Sexualbereich, denn das Ohr des Partners zu belecken, sich gegenseitig zu beschnüffeln und zu beknabbern gehört zum Vorspiel der caniden Werbung.

Wenn man einen Hund, der zum Spielen aufgelegt ist, mit

der Hand abwehrt, hat das meistens die gegenteilige Wirkung. Er interpretiert diese Geste nämlich als Teil des Spiels, in das wir uns — wie er glaubt — eingelassen haben. Er nähert sich erneut seinem menschlichen Spielpartner und wartet darauf, daß dieser ihn wieder mit der Hand fortstößt. Das Spiel geht weiter und führt mitunter zum sogenannten Spielbeißen, bei dem der Hund die Hand seines Partners vorsichtig mit den Zähnen packt oder ihm sogar erlaubt, seine Schnauze festzuhalten. Solange Mensch und Hund in diesem Spiel sanft miteinander umgehen, kann es die Bindung zwischen ihnen vertiefen, genauso, wie es beim Spiel mit den Wurfgeschwistern der Fall ist.

Die wohl häufigste Form des physischen Kontaktes zwischen Hund und Mensch ist der leichte Klaps, das Tätscheln. Diese Bewegung hat für uns besondere Bedeutung, denn sie ist ein Teil des menschlichen Begrüßungszeremoniells. Wenn wir einem Hund den Rücken tätscheln, haben wir unbewußt das Gefühl der Verbundenheit, das sich beim Zusammensein mit einem guten Freund einstellt. Der Hund interpretiert diese bevorzugte Behandlung ganz anders. Hunde klopfen sich untereinander nicht auf den Rücken; also was soll dieser Klaps nun eigentlich bedeuten? Es scheint, als ob Hunde diese Form des Körperkontaktes als eine Art Nasenstupser deuten, der zum Repertoire von Welpen während des Säugens zählt oder im Verhalten von unterlegenen Tieren gegenüber stärkeren beobachtet worden ist. Deshalb muß diese Form des Körperkontaktes für Hunde besonders angenehm sein. Sie sehen darin einen Akt der Unterwerfung, aber da sie wissen, daß wir ihnen überlegen sind, bleibt nur die Möglichkeit, das Verhalten als Beschwichtigungsgeste zu interpretieren. Wenn ein dominanter Hund einem rangniedrigeren die Furcht nehmen will, nähert er sich ihm gelegentlich in einer gespielt submissiven Pose. Und genau dieses Verhaltensmuster sehen sie in unserem Klaps.

Hunde mit langem seidigem Fell verführen, wie Katzen,

zum Streicheln. Diese Form des Körperkontaktes hat für den Hund allerdings wenig Bedeutungsgehalt; die sanfte Massage erinnert ihn höchstens daran, daß die Mutter ihm als winziges Junges sein Fell mit ihrer großen Zunge liebevoll geleckt hat.

Vor allem Kinder suchen eine bestimmte Form des Körperkontaktes mit Hunden: Sie kuscheln mit ihnen. Im allgemeinen nehmen die Vierbeiner diesen Liebesbeweis mit erstaunlicher Bereitwilligkeit hin. Er erinnert sie wohl an die Zeit, als sie sich noch eng zusammendrängten, um die Sicherheit und Nähe der Wurfgeschwister zu spüren, oder als die Mutter den Nachwuchs mit ihrem großen Körper wärmte.

Viele Hunde mögen es, wenn man sie am Kopf krault, insbesondere am Kinn. Dies ist eine Art von Kontakt, die der Hund von sich aus sucht. Hunde, die leicht kleine Entzündungen im Bereich der Schnauze oder des Zahnfleisches haben, reiben ihren Kopf gern an den scharfen Kanten eines Möbelstücks. Wenn Herrchen oder Frauchen ihnen diese Arbeit abnimmt, sind sie dafür äußerst dankbar.

Was Hunde gar nicht mögen, ist die lästige kosmetische Prozedur, die sie über sich ergehen lassen müssen, bevor sie auf einer Hundeausstellung vorgeführt werden. Stundenlanges Baden und Frisieren kann ein Hund nicht verstehen und ertragen. Eine derartig intensive Körperpflege wird im sozialen Verband der Caniden nicht betrieben. Aber da dieser arme Hund nun einmal in einer Menschenfamilie lebt, bleibt ihm nichts anderes übrig, als das Übel mit der gleichen stoischen Gelassenheit über sich ergehen zu lassen, die er angesichts der Drangsalierungsversuche eines dominanten Hundes zeigt. Die Menschen können sich mehr als glücklich schätzen, so kooperative und anpassungsfähige vierbeinige Partner gefunden zu haben.

Wie verhält sich ein submissiver Hund?

Diese Frage ist schnell beantwortet: wie ein Welpe. Die schwächeren Exemplare vieler Tierarten nehmen eine unterwürfige Pose ein oder greifen zu infantilen Verhaltensmustern, wenn sie von einem dominanten Tier bedroht werden. Fehlt ihnen der Mut, auf die Drohung mit einer Gegendrohung zu reagieren oder eine aggressive Auseinandersetzung zu riskieren, nehmen sie Zuflucht zu einem Ausdrucksverhalten, das mit dem eines Menschen, der die weiße Fahne schwenkt, zu vergleichen ist. Die bedrohten Tiere bemühen sich, die Aggressionen des Angreifers abzubauen, wobei ihnen, je nach Spezies, verschiedene Möglichkeiten offenstehen. Sie nehmen beispielsweise eine Position ein, die in erkennbarem Gegensatz zur Drohhaltung steht. Senkt z.B. der Angreifer den Kopf, bereit, im nächsten Augenblick zuzustoßen, hebt der Unterlegene den seinen; wenn der Drohende seinen Kopf hoch aufrichtet, um größer zu erscheinen, senkt der Bedrohte den Kopf. Ist das Fell des Angreifers gesträubt, legt der Angegriffene das Haarkleid flach an den Körper; wenn der aggressive Gegner hoch aufgerichtet steht, kriecht der submissive, usw. Aber das ist nur eine der beiden grundlegenden Strategien, über die Tierarten verfügen um damit eine Beschwichtigung des Gegners zu erreichen.

Die zweite Möglichkeit besteht darin, im Angreifer eine Stimmungslage auszulösen, die im Widerspruch zu seiner Aggressivität steht und sie somit abbaut. Erwachsene Tiere zeigen normalerweise Hemmungen, den Nachwuchs ihrer eigenen Spezies anzugreifen, so daß es einem unterlegenen, erwachsenen Hund gelingen kann, einfach dadurch den aggressionshemmenden Mechanismus auszulösen, daß er sich welpenhaft verhält.

Hunde verfügen über zwei Tricks, die ihnen helfen, die soziale Distanz zu verringern: die passive und die aktive Unterwerfung. Bei der passiven Unterwerfung bleibt dem schwächeren Tier keine andere Wahl, denn der Angreifer nähert sich mit allen Anzeichen des Drohverhaltens. Das untergeordnete Tier kriecht dann auf dem Boden, um möglichst klein zu wirken. Bringt diese Taktik nicht den gewünschten Erfolg, rollt es sich demonstrativ auf den Rücken und läßt die Pfoten schlaff in der Luft hängen, wobei es gelegentlich auch uriniert. Damit wird das Verhalten der Welpen imitiert, die passiv auf dem Rücken verharren, wenn sich die Mutter nähert und den Genitalbereich leckt, um sie zum Urinieren anzuregen. (In den ersten Lebenstagen urinieren die Welpen nicht von sich aus. Sie werden von der Mutter mit der Nase auf den Rücken gerollt und erst durch diese »Bauchmassage« zum Urinieren stimuliert.) Die Nachahmung dieser infantilen Pose von erwachsenen Tieren hat wohl den stärksten Signalcharakter in der Körpersprache der Caniden und in der Regel den gewünschten Erfolg, d.h., sie dämpft die Aggressionslust des Angreifers.

Die aktive Unterwerfung verlangt eine andere Taktik. Wenn sich in diesem Fall ein schwächeres Tier einem überlegenen nähert, dann keinesfalls auf dem Bauch. Es muß zu einer anderen Beschwichtigungsgeste greifen, um seine friedlichen Absichten zu demonstrieren. Auch diese leitet sich aus dem Verhaltensrepertoire der Hundewelpen ab: Wenn die Welpen einen Monat alt sind, beginnen sie die erwachsenen Tiere um Futter anzubetteln, indem sie mit ihren Schnauzen so lange die des älteren Tieres berühren, bis dieses kleine Nahrungsbrocken auswürgt. Die aktive Unterwerfung richtet sich nach diesem Schema. Das einzige Problem ist, daß das unterlegene Tier ungefähr dieselbe Größe hat wie das überlegene. Würde es sich dem »Leithund« zuwenden und ihm einfach das Gesicht lecken, könnte diese Geste als Anmaßung aufgefaßt werden. Also nähert es sich ihm in geduckter Haltung, um Welpengröße vorzutäuschen. In dieser Stellung kann es den Kopf heben, um die Schnauze des dominanten Tieres zu erreichen und somit die unerläßliche infantile Haltung zeigen.

Ein rangniederer ausgewachsener Hund, der das Welpenverhalten beim Futterbetteln imitiert, kann sich jedem Mitglied seiner caniden Gruppe gefahrlos nähern. Diese Pose gewährleistet den engen sozialen Kontakt, ohne ständig Streitereien herauszufordern.

Bietet bei einem Kampf der Verlierer dem Sieger seine Kehle dar?

Nein. Diese Frage stellte sich häufig, nachdem der bekannte österreichische Verhaltensforscher Konrad Lorenz beobachtet zu haben glaubte, daß ein Wolf (oder Hund), der von einem außerordentlich aggressiven Rivalen besiegt wird und den tödlichen Biß erwartet, seinen Kopf blitzschnell dreht und dem Sieger die verletzlichste Stelle seines Körpers, die Kehle, darbietet. Da die Halsschlagader nunmehr den scharfen Fängen des Angreifers ungeschützt ausgesetzt ist, liefere sich — behauptet Lorenz — der Unterlegene auf Gedeih und Verderb dem Stärkeren aus. Der Angreifer würde diesen Akt der Unterwerfung, der in der menschlichen Kommunikation vergleichbar ist mit dem »Handtuch-Werfen« oder »dem Hissen der weißen Fahne«, auf der Stelle akzeptieren, und diese Ritterlichkeit würde bei den Caniden eine Beißhemmung zur Folge haben. Diese großmütige Zurückhaltung beeindruckte Lorenz so, daß er darauf eine ganze Theorie aufbaute.

Leider basiert diese Theorie auf einer kompletten Fehlinterpretation caniden Verhaltens. Was Lorenz in Wirklichkeit beobachtet hatte, war das regungslose Stillstehen eines Tieres mit zur Seite gedrehtem Kopf, während das andere an seinen Lefzen schnüffelte und zwickte. Lorenz zog aus dieser Szene die Schlußfolgerung, daß es sich bei dem zuschnappenden Tier um den dominanten Angreifer handeln müsse, der zum Biß ansetzte, sich aber durch die offen dargebotene »Achillesferse« daran gehindert sah. In Wirklichkeit waren die Rollen genau umgekehrt verteilt. Das Tier, das zuschnappte, war unterlegen und in einem Akt aktiver Unterwerfung begriffen (die bereits erwähnte Imitation des Welpenverhaltens beim Futterbetteln). Das Tier, das seinen Kopf steif zur Seite drehte, war der Sieger, der die Geste der Unterwerfung – zu der der Verlierer Zuflucht gesucht hatte – mit Verachtung strafte.

In den seltenen Fällen, in denen Kämpfe bis zur letzten Konsequenz ausgetragen werden, wird die Kehle nicht ungeschützt dargeboten. Der Besiegte kann nur versuchen, so schnell und weit wie möglich zu entkommen, um nicht getötet zu werden. So werden bestimmte Jungtiere aus einer Gruppe streunender Hunde (oder einem Wolfsrudel) zu Ausgestoßenen. Wenn sie ein ranghöheres Tier bedroht und den Kampf verloren haben, müssen sie das Rudel verlassen und versuchen, auf sich selbst gestellt zu leben, oder sich mit anderen Ausgestoßenen zu einem neuen sozialen Verband zusammenzuschließen.

Für den Haushund haben diese Aspekte canider Gewalt mitsamt ihren Konsequenzen wenig Bedeutung. Sein »Leittier« ist der Mensch und als solcher viel zu überlegen, als daß er es wagen würde, sich in einen offenen Kampf mit ihm einzulassen. Unsere Haushunde führen ein Leben, das ihnen wenig aggressive Selbstbehauptung abfordert und ein friedvolles, sorgloses Dasein garantiert ... bis der Postbote klingelt. Als Mitglied eines fremden »Rudels« stellt er automatisch eine Bedrohung dar. Sollte der bedauernswerte Briefträger Konrad Lorenz' Abhandlung gelesen haben und dem Hund, der ihm entgegenstürmt, die Kehle ungeschützt darbieten, wartet eine äußerst unliebsame Überraschung auf ihn.

Warum klemmt ein Hund seinen Schwanz ein, wenn er Angst hat?

Jeder hat schon einmal einen Hund mit eingeklemmtem Schwanz gesehen und sich vielleicht gefragt, was das in der Körpersprache der Caniden zu bedeuten hat. Warum signalisiert eine gesenkte Rute Angst, Unsicherheit, Unterwerfung und einen niedrigen sozialen Status, während ein hochaufgerichteter Schwanz Überlegenheit und eine hohe Position in der Rangordnung ausdrückt?

Nicht die Rute selbst, sondern der darunter liegende Bereich ist in diesem Fall wichtig. Ein Hund, der seinen Schwanz zwischen den Hinterbeinen eingeklemmt hat, verhindert damit, daß aus dem Analbereich Duftsignale ausgesandt werden. Wenn sich zwei ranghohe Tiere begegnen, heben sie selbstbewußt ihre Ruten, damit der andere seinen Analbereich einer genaueren Prüfung unterziehen kann. Da sich dort Drüsen befinden, die einen ganz persönlichen Geruch ausströmen, der zur individuellen Identifikation dient, verhält sich der Hund, der seinen Schwanz einklemmt, wie ein unsicherer Mensch, der sein Gesicht zu verstecken versucht.

Für einen Hund, der in einer sozialen Gemeinschaft mit seiner menschlichen Familie lebt, hat diese Rutenhaltung wenig Bedeutung; in einem Hunderudel, in dem sozialer Status und Rangordnung eine große Rolle spielen, dient der eingeklemmte Schwanz dem Zweck, die schwächeren Mitglieder vor den stärkeren zu schützen. Gerade im Wolfsrudel hat dieses optische Signal großen Stellenwert. Ein unterlegener Wolf nähert sich einem ranghöheren Tier mit fest zwischen den Hinterbeinen eingeklemmter Rute, und hebt sie erst wieder, wenn er sich entfernt.

Die Rutenhaltung bei domestizierten Hunden zeigt jedoch einen beträchtlichen Unterschied zu der ihrer wilden Vorfahren. Der Wolf hat — im Gegensatz zum Hund — rund sieben Zentimeter oberhalb der Schwanzwurzel eine kleine Talgdrüse, die wie ein dunkler Fleck wirkt und von struppigen kurzen Haaren mit dunkel getönten Spitzen umgeben ist. Wie die Drüsen in der Analzone, produziert auch sie ein Sekret mit einem spezifischen Duftstoff, der allein der geruchlichen Kommunikation dient. Aufgrund ihrer Position an der Außenseite des Schwanzes kommt dieser Drüse aber eine bestimmte, sozusagen mimische Bedeutung zu. Denn entweder wird dem Wolf, der einen Artgenossen beschnüffelt, die Duftmarke aus dem Analbereich (bei hochaufgerichteter Rute) oder (bei eingeklemmter Rute) das Drüsensekret oberhalb der Schwanzwurzel präsentiert. Daran zeigt sich, daß die olfaktorische Kommunikation der Wölfe wesentlich subtiler und komplexer ist als die unserer Haushunde.

Warum Hunde im Verlauf der Evolution diese Drüse an

der Schwanzwurzel eingebüßt haben, ist bisher unbekannt. Alle anderen Veränderungen, die während der zehntausendjährigen Entwicklungsgeschichte vom Wolf zum Haushund eingetreten sind, lassen sich auf die selektive Zuchtwahl des Menschen zurückführen, der das eine oder andere Merkmal zu verbessern hoffte und somit die Entstehung der zahlreichen Hunderassen vorantrieb, die wir heute kennen. Die Frage, welche Funktion der Schwanzdrüse beim Wolf zukommt, ist erst in neuerer Zeit in den Brennpunkt des wissenschaftlichen Interesses gerückt; kein Wunder also, daß dieses Merkmal den Züchtern vergangener Jahrhunderte entgangen ist. Es muß jedoch in einem sehr frühen Stadium verkümmert und verschwunden sein, denn es scheint bei all unseren heutigen Hunderassen zu fehlen. Es ist das einzige Unterscheidungsmerkmal zwischen Wolf und Hund, dessen Ursprung bis zum heutigen Tag im dunkeln liegt.

Noch ein letztes Wort zur Rutenhaltung von Hunden und Wölfen: Obwohl ihre Hauptfunktion mit Sicherheit darin besteht, die jeweils spezifische, individuelle Duftmarke zu verbreiten, kann sie auch als optisches Signal nützlich sein. Jedes Tier, das die Begegnung zweier Hunde beobachtet, kann anhand ihrer Silhouetten schon aus weiter Entfernung und auf den ersten Blick erkennen, welcher der beiden der Über- bzw.Unterlegene ist. Ein einziger Blick genügt, um festzustellen, ob sich eine Veränderung in der Rangordnung anbahnt und ein schwächeres Tier vielleicht im Begriff ist, ein stärkeres zu bedrohen.

Wie verhält sich ein »Leithund«?

In der Regel kennen Hundehalter ihre Vierbeiner als freundliche, anpassungsfähige Wesen, die bereitwillig akzeptieren, daß der Mensch in ihrem »Rudel« die dominierende Position einnimmt. Nur wenn mehrere Hunde zusammenleben, kann man beobachten, wie sich der Leithund Rangniederen gegenüber verhält.

Wird seine Vorrangstellung von einem Rudelmitglied angefochten, nimmt der Anführer eine Droh- und Imponierhaltung ein, ohne daß es wirklich zur tätlichen Auseinandersetzung kommt. Dieses Ausdrucksverhalten hat hohen Signalcharakter und im wesentlichen eine zweifache Funktion: Es läßt das dominante Tier größer und stärker erscheinen, und es deutet seine Angriffsbereitschaft an. Das reicht für gewöhnlich aus, um den Rivalen abzuschrecken.

Dieses Droh- und Imponiergehabe besteht aus zehn typischen Elementen, von denen jedes einen eigenen Signalcharakter hat:

1. Die Lefzen sind hoch- bzw. heruntergezogen und die Eck- und Schneidezähne entblößt. Damit wird angezeigt, daß der Drohende bereit ist, seine Fangzähne in den Gegner zu schlagen.
2. Die Schnauze wird weit aufgerissen. Diese Drohgebärde zeigt, daß das Tier bereit ist zuzuschnappen.
3. Die Mundwinkel sind weit nach vorne gezogen, im Gegensatz zur freundlichen, spielerischen oder demutsvollen Mimik, bei der sich die Mundwinkel zu den Ohren hin verziehen. Dieses Drohelement läßt erkennen, daß

sich das Tier weder in freundlicher noch spielfreudiger oder demütiger Stimmung befindet.

4. Die Ohren sind steif aufgerichtet und nach vorn gedreht. Selbst Rassen mit Hänge- oder Kippohren versuchen, so gut es geht, diese Ohrstellung zustande zu bringen. Sie macht dem Rivalen deutlich, daß der Drohende bereit ist, auf das leiseste Anzeichen von Angst oder Aggression zu reagieren. Sie signalisiert auch, daß der Angreifer so selbstsicher ist, daß er es nicht für nötig hält, seine Ohren durch Anlegen an den Kopf zu schützen.
   Das sind die mimischen Elemente bei der Droh- und Imponierhaltung. Aber auch der Rest des Körpers sendet Signale:

5. Die Rute ist hochaufgerichtet, im Gegensatz zum eingeklemmten Schwanz, der Unterwürfigkeit ausdrückt. Dadurch wird die Analregion mit ihren spezifischen Duftdrüsen exponiert. Durch diese geruchliche Informationsübermittlung wird die Identifikation erleichtert (die gegenteilige Wirkung hat der eingekniffene Schwanz, mit der der submissive Hund seine Identität verbergen will). Der Stärkere will, daß der Schwächere genau weiß, mit wem er es zu tun hat.
   Der Körper des Drohenden wird optisch so weit wie möglich vergrößert:

6. Die Haare, besonders in der Hals-, Schulter- und der Rücken-Region sind gesträubt. Dieses Versteifen der Mähnen und Rückenhaare tritt gegen Ende der Aggression auf und gilt als die intensivste Form des Drohverhaltens.
7. Gleichzeitig werden die Beine voll durchgestreckt, so daß der ganze Körper massiver und kräftiger wirkt.
8. Der Effekt wird noch dadurch verstärkt, daß der Drohende seinen Gegner starr fixiert.

9. Der optische Eindruck wird von einem akustischen Signal — einem tiefen, kehligen Knurren — untermalt.
10. Der Körper ist so stark angespannt, daß die steil aufgerichtete Rute zu zittern beginnt.

Dieser furchteinflößende Anblick reicht normalerweise aus, um auch den verwegensten Rivalen abzuschrecken. Vor allem in ernsthaften Auseinandersetzungen, bei denen sich ein dominantes Tier in seiner Stellung bedroht sieht, macht es davon Gebrauch. Ist die Atmosphäre weniger spannungsgeladen, greift ein ranghohes Tier zu anderen Ausdrucksformen und Verhaltensweisen, um den Rivalen von Zeit zu Zeit seine Überlegenheit zu demonstrieren. Dazu zählt z.B. ein Ritual, bei dem sich das dominante Tier mit der Breitseite vor den schwächeren Gegner hinstellt, ob der nun steht oder liegt. Es nimmt eine Position quer zum Gegner ein und blokkiert ihn so lange in seiner Bewegungsfreiheit, bis dieser die Botschaft entschlüsselt hat, die da heißt: »Hier stehe ich. Ich kontrolliere jede deiner Bewegungen.« Ein weiters Ritual ist das Aufreiten, wobei sich das dominante Tier hoch aufrichtet und die Pfoten auf den Rücken des rangniederen legt. Das Aufreiten ist auch die erste Phase bei der Kopulation, obwohl dieses Ritual beim Imponierdrohen kein sexuelles Element enthält. In der menschlichen Kommunikation könnte man dieses Verhalten der Siegerpose gleichsetzen, mit der der Stärkere dem Schwächeren anzeigt, »Ich bin dir überlegen!«

Ein weiteres Signal, mit dem das ranghohe dem rangniederen Tier seine soziale Potenz und Stärke anzeigt, ist die Sprung- und Lauerstellung. Mit der Sprungstellung deutet der Hund an, daß er den Gegner jeden Augenblick anspringen kann, ohne die Bewegung tatsächlich auszuführen. Bei der Lauerstellung verunsichert er seinen Rivalen dadurch, daß er am Boden entlangkriecht. In beiden Fällen wird die

Botschaft sofort entschlüsselt und löst die entsprechende Reaktion aus.

All diese unterschiedlichen Droh- und Imponierhaltungen erinnern das rangniedere Tier an den hohen sozialen Status des Leittieres. Ein dominanter, im Rudel lebender Hund muß allerdings nicht oft darauf zurückgreifen. Meistens sind die sozialen Bindungen hier straff organisiert und friedlicher Natur. In einer Spezies, in der die gemeinsame Jagd den Schlüssel zum Überleben darstellte, ist es von zentraler Bedeutung, daß die Anführer des (Hunde- oder Wolfs-)Rudels nicht zu übersteigertem Selbstbewußtsein neigen.

Warum vergräbt ein Hund seinen Knochen?

Um zu verstehen, warum Hunde so gerne ihre Knochen vergraben, sollte man sich einmal bewußt machen, wie sich die Wölfe während der Jagd verhalten. Kleinere Beutetiere, wie beispielsweise Mäuse, werden nicht im Rudel, sondern von einzelnen Tieren aufgespürt, gejagt und erlegt. Der Jäger fängt sein Opfer unter den Vorderläufen. Er packt es, beißt mehrmals zu und verschlingt es dann hastig. Bei einem etwas größeren Beutetier, z.B. einem Hasen, ist der Ablauf ähnlich. Erweist sich das Opfer doch als zu groß, wird es zunächst kräftig hin- und hergeschüttelt, aber in der Regel genügen auch hier einige Bisse, um es zu lähmen und dem Kampf ein Ende zu machen. Beutetiere mittlerer Größe, z.B. Lämmer oder Niederwild, werden durch Bisse in die Kehle erlegt. Der Tod tritt schon nach wenigen Sekunden ein. Aufgrund der Fülle und Vielfalt des Nahrungsangebotes besteht keine Notwendigkeit, die Beute zu vergraben und somit zu konservieren. Selbst ein kleines Reh wird innerhalb kürzester Zeit von nur wenigen Wölfen verspeist. Erwachsene Tiere können zehn Kilo Fleisch bei einer Mahlzeit und rund zwanzig Kilo innerhalb von vierundzwanzig Stunden verschlingen.

Nur bei sehr großen Beutetieren, wie ausgewachsenem Rotwild, Schafen oder Pferden, entsteht ein Nahrungsüberfluß. Aber selbst dann bleibt der Kadaver, nachdem der großte Hunger gestillt ist, zumeist an Ort und Stelle liegen, und das Rudel kehrt zu einem späteren Zeitpunkt zum Fressen zurück. Ist das Wolfsrudel jedoch klein und die Zahl der erwachsenen Mitglieder gering, werden gelegentlich auch größere Fleischbrocken vergraben, um sie vor Nahrungskonkurrenten — Krähen, Raben oder Geiern — sicherzustellen. In heißen Sommermonaten sind die vergrabenen Beutereste auf diese Weise außerdem noch vor lästigen Fliegen und Maden geschützt. Normalerweise wird die Beute dicht neben der Stelle vergraben, an der sie erlegt wurde. Aber es kommt auch vor, daß sie zum Bau getragen und dort vergraben wird.

Beim Graben halten die Wölfe ihre Beute zwischen den Fängen, während sie mit den Vorderläufen ein Loch scharren. Sobald es groß genug ist, öffnen sie die Schnauze und lassen den Fleischbrocken hineinfallen. Danach wird mit Hilfe der Schnauze Erde in das Loch geschaufelt. Im Gegensatz zu Katzen benutzen Wölfe beim Zuscharren nie ihre Vorderpfoten. Sobald das Loch zu ist, wird die Erde mit der Schnauze flachgepreßt, und der Wolf geht davon. Er kehrt am nächsten Tag zurück, gräbt den Fleischbrocken mit den Vorderläufen aus, packt ihn mit den Fängen, schüttelt ihn mehrmals kräftig, damit sich die Erde löst, und beginnt zu fressen.

Nun wird klar, unter welchen spezifischen Umständen der Haushund seinen Knochen vergräbt. Zunächst einmal muß ein Nahrungsüberschuß bestehen. Ein hungriger Hund frißt — wie seine wölfischen Vorfahren —, soviel er nur bewältigen kann. Falls er etwas übrigbehält, wird es dann in den Garten getragen und vergraben. Die heute übliche Hundenahrung, mit der viele Hundehalter ihre Vierbeiner im Überfluß füttern, läßt sich nicht zwischen den Zähnen tragen und festhalten, während ein Loch gegraben wird. Deshalb haben Hunde, die ausschließlich von Dosennahrung leben, keine Gelegenheit, irgend etwas zu vergraben. Es sei denn, sie bekommen einmal einen großen Knochen, dann werden sie ihn fortschleppen, ein Loch graben und ihn darin verstecken.

Knochen laden schon deshalb zum Vergraben ein — selbst

bei solchen Hunden, die nicht überfüttert sind und keinen Nahrungsüberschuß kennen —, weil sie selten auf einmal zerkleinert und verspeist werden können. Und genau dieser »Nahrungsüberschuß-Aspekt« beim Knochen veranlaßt selbst den hungrigsten Hund, den Knochen für einen späteren Zeitpunkt aufzusparen.

Selbst bei Tieren, die überreichlich mit Dosennahrung von breiiger Konsistenz ernährt werden, kann man noch eine rudimentäre Form des ursprünglichen Bedürfnisses erkennen, sich einen Nahrungsvorrat anzulegen. Sie wissen, daß der Inhalt des Futternapfes gut, wenn auch zuviel des Guten ist; da sie keinen Hunger mehr verspüren, versuchen sie, den ganzen Napf in einer Ecke des Raumes zu vergraben. Die Scharrbewegungen werden jedoch nur noch bruchstückhaft ausgeführt. Das Tier versucht, den Napf mit der Nase »zuzuscharren«, erreicht damit aber nur, daß er am Boden entlangrutscht. Solch eine Aktion zeigt dem Hundebesitzer, daß das Nahrungsangebot mehr als reichlich war. Doch bevor er die Reste irgendwelchen imaginären Räubern überläßt, versucht der Hund — wenn auch ohne Erfolg —, sie für eine spätere Gelegenheit aufzuheben.

Wie viele Mahlzeiten braucht ein Hund pro Tag?

Die meisten Hundehalter geben ihren Vierbeinern zwei Mahlzeiten am Tag. Zusammen mit der entsprechenden Menge Wasser und vorausgesetzt, daß das Nahrungsangebot variiert und nicht auf Fleisch beschränkt wird, sollte das ausreichend sein. Wildlebende Hunde und Wölfe nehmen eine bestimmte Menge pflanzlicher Nahrung auf, wenn sie ihre vegetarisch lebenden Beutetiere verzehren. Unsere Haushunde haben ähnliche Nahrungsbedürfnisse. Allerdings herrscht seit neuestem der Trend, Hunden rein vegetarische Kost zu verabreichen, was der Gesundheit noch abträglicher

ist als eine einseitige Ernährung, die nur auf Fleisch basiert. Der Hund ist — wie der Mensch — ein Allesfresser und braucht eine ausgewogene Nahrungspalette.

Manche Hundebesitzer scheinen von der Idee besessen, daß Hunde einmal in der Woche einen Fastentag einlegen sollten. Als Grund für den Nahrungsentzug führen sie an, daß freilebende Wölfe über einen langen Zeitraum hinweg völlig ohne Nahrung auskommen können. Man hat festgestellt, daß Wölfe in karger Umgebung sogar vierzehn Tage überleben können, ohne zu fressen. Auf diese Fastenperioden folgt in der Regel ein ungeheures »Freßgelage«, wenn es dem Rudel gelingt, ein größeres Beutetier zu stellen und zu erlegen. Da dieser Freß- und Fastenrhythmus in freier Wildbahn üblich ist, hat man angenommen, daß er den Tieren besonders gemäß ist. Aber das ist nicht der Fall. In einer beutereichen Umgebung fressen Wölfe mehrmals am Tag. Die Tatsache, daß sie imstande sind, periodisch zu fasten, sollte daher nicht als Maßstab für den Diätplan dienen, nach dem Haushunde gefüttert werden.

Ich möchte an dieser Stelle noch erwähnen, daß unsere eigenen Vorfahren, die ihr Dasein noch als Jäger fristeten, einen ähnlichen Wechsel von Hunger- und Überflußperioden kannten. Auch wenn wir heute vielleicht zu diesem Schema zurückkehren könnten, ohne uns damit umzubringen, ist es wesentlich gesünder, mehrmals am Tag zu essen. Und das gilt für den Hund genauso.

Warum sind Hirtenhunde so ausgezeichnete Wächter?

Die erstaunlich effektive Zusammenarbeit zwischen Schäfer und Hirtenhund, die Thema vieler Fernsehsendungen war und ist, fasziniert auch heute noch ein Millionenpublikum. Zwischen Mensch und Tier scheint eine einzigartige, fast telepathische Beziehung zu bestehen. Obwohl dieser Einklang in der Tat bemerkenswert ist, läßt er sich aus dem caniden Jagdverhalten heraus erklären. Der Hirtenhund, der die Herde zu bewachen hat, gehorcht lediglich den von seinen Wolfsvorfahren ererbten Instinkten und Verhaltensmustern, die seiner Aufgabe angepaßt sind. Das wird klar, wenn man einmal das Jagdverhalten eines Wolfsrudels betrachtet.

Von einem Wolfsrudel eingekreist zu werden, ist ein unvergeßliches und unheimliches Erlebnis. Selbst wenn man sämtliche Rudelmitglieder schon vom Welpenalter an kennt, spürt man eine vage Beklemmung, sobald das Rudel ausschwärmt und beginnt, einen Kreis zu bilden. Man kann nachempfinden, was ein gejagtes Wildtier vor dem Tod fühlt. Nun werden Sie auch verstehen, warum ein Hirtenhund die Schafherde umkreist: Er taucht hier und dort auf und versucht sich sozusagen wie ein ganzes Rudel Hunde aufzuführen, auch wenn ihm dabei nicht der geringste Jagderfolg winkt. Das Kräfteverhältnis bei dieser Einzelaktion ist im Gegensatz zum Teamwork des Rudels allzu unausgewogen: Anstatt eines einzigen Opfers, das von einer Anzahl Verfolger gejagt wird, jagt ein einzelner Verfolger eine Überzahl von Opfern. Der bedauernswerte Hirtenhund hat die Arbeit von zehn Wölfen zu leisten — was erklärt, warum diese erstaunlichen Hunde viel früher zugrunde gehen als andere Hunderassen — und zumeist an Erschöpfung.

Hirtenhunde geraten auch deshalb immer wieder an die Grenzen der Leistungskraft, weil sie — sobald sie an einer Stelle stehenbleiben und die Herde mit starrem Blick fixieren — zu ihrem Entsetzen feststellen müssen, daß sich weder rechts noch links von ihnen ein Wolfsgefährte befindet. Sie müssen die seit Urzeiten nach einem bestimmten Muster ablaufende Umzingelungstaktik völlig allein bewältigen. Deshalb hetzen sie ununterbrochen hin und her, vor und zurück, und versuchen vergeblich, ganz alleine den Kreis zu schließen, denn das — und nichts anderes — gebietet ihnen ihr Wolfsinstinkt.

Die Jagdstrategie, der sie folgen, enthält vier angeborene und daher absolut zwingende Verhaltenselemente. Das erste schreibt vor: Wenn du ein Tier von der Herde getrennt hast, näherst du dich ihm im gleichen Tempo wie die übrigen Rudelmitglieder. Die zweite Regel lautet: Du hältst möglichst den gleichen Abstand zum Wolf rechts bzw. links von dir. Die Kombination dieser beiden Regeln gewährleistet, daß die Wölfe nahezu automatisch einen Kreis bilden und die Beute umzingeln. Wenn Sie selbst jemals von einem Wolfsru-

del eingekreist wurden, erkennen Sie, wie nahtlos diese beiden Regeln ineinander übergehen und welch ungeheure Wirkung sie haben. Wenn das Rudel Sie sichtet, nähern sich die Tiere zunächst in dichter Formation. Sobald sich die Distanz verringert hat, schwärmen sie aus, bleiben aber noch immer in einer gewissen Entfernung vom Zielobjekt. Die Umzingelungstaktik, die so unglaublich elegant und komplex wirkt, ist also im Grund ein ganz simples Manöver. Der Hirtenhund, der die Herde bewacht, rennt hin und her, in dem Bemühen, sie in der selbst gesetzten »Schlüsseldistanz« zu umkreisen und die Lücken zu füllen, die durch seine fehlenden Jagdgenossen entstehen.

Ein drittes Verhaltenselement bei der Wolfsjagd ist die Strategie des Hinterhalts. Ein bestimmtes Tier trennt sich vom Rudel und legt sich flach an den Boden gepreßt an eine für die Beute nicht einsehbare Stelle. Dort wartet es völlig regungslos darauf, daß das Rudel ihm die umzingelte Beute zutreibt. Diese Hinterhalts-Strategie gehört auch zum Verhaltensrepertoire des Hirtenhundes. Er rennt eine Zeitlang hin und her; dann legt er sich plötzlich flach auf den Boden, als ob er sich verstecken wollte, und fixiert die Herde. In diesem Augenblick übernimmt er die Rolle des Jagdgefährten, der im Hinterhalt lauert, nur um in der nächsten Sekunde wieder das zutreibende Rudel zu ersetzen.

Ein letzter und wichtiger Aspekt bei der Wolfsjagd ist die Aufgabe, die dem Leittier zukommt. Der Alpha-Wolf gibt das Signal für die einzelnen Phasen der Jagd und wählt die Beute aus. Das Rudel beobachtet sein Verhalten und richtet sich strikt nach seinen Anweisungen. Dadurch werden Auseinandersetzungen und Mißverständnisse vermieden, die den Jagderfolg erheblich schmälern würden. Für den Hirtenhund ist der Schäfer der Alpha-Wolf. Er gehorcht, ohne zu zögern, seinem Kommando, wenn in kritischen Augenblicken Entscheidungen getroffen werden müssen, die dem Zusammenhalt der Herde dienen.

Der Schäfer hat dabei in der Regel zehn Kommandos zur Verfügung:

1. Stop! (Was immer du gerade tust, hör auf der Stelle damit auf.)
2. Platz! ((Nimm die Lauerstellung ein, bewegungslos und ohne Laut zu geben, mit dem Gesicht zur Herde, fixiere sie.)
3. Nach links! (Lauf zur linken Seite der Herde und umkreise sie bei Wiederholung des Kommandos in derselben Richtung.)
4. Nach rechts! (Der gleiche Bewegungsablauf, nur in entgegengesetzter Richtung.)
5. Hierher! (Komm sofort zum Schäfer, wo immer du dich auch befindest.)
6. Näher! (Verringere die Distanz zur Herde von der Stelle aus, an der du dich gerade befindest.)
7. Zurück! (Vergrößere die Distanz zur Herde.)
8. Ruhig! (Mach das, was du gerade tust, langsamer.)
9. Tempo! (Mach das, was du gerade tust, schneller.)
10. Genug! (Laß die Schafe und komm zum Schäfer.)

Mit diesen zehn Kommandos, die aus dem Verhaltensrepertoire der Wolfsjagd stammen, kann der Schäfer all die subtilen und scheinbar komplexen Reaktionen auslösen, die von seinem Hund gefordert sind. Diese Signale werden durch eine Mischung aus Pfeiftönen, Zurufen und Armbewegungen übermittelt.

Interessanterweise ist der wohl schwerste Dressurakt, Herde und Hund vom Schäfer zu trennen. Das ist mit den Regeln der Wolfsjagd unvereinbar, denn in freier Wildbahn würde das Leittier (der Schäfer) niemals dulden, daß die rangniederen Rudelmitglieder die Beute von ihm wegtreiben. Aber selbst das ist bei Hirtenhunden möglich, weil sie ihrem menschlichen Herrn und Meister bedingungslos gehorchen.

Gelegentlich rennt ein Hirtenhund mitten in die Herde und beginnt, nach den Beinen der Schafe zu schnappen, als ob das Rudel das Signal zum Angriff gegeben hätte. Das kommt allerdings verhältnismäßig selten vor. Durch die selektive Zuchtwahl des Menschen hat sich ein Hirtenhund-Typus entwickelt (zu den bekanntesten gehören wohl die Collies), bei dem bestimmte hemmende Mechanismen wirksam werden, die ihn daran hindern, die nächsten Phasen der Jagd — Angriff und Töten — einzuleiten.

Welche Funktion hat ein Vorstehhund oder Pointer?

Vorstehhunde oder Pointer (abgeleitet vom englischen Verb *to point* = zeigen, hinweisen) sind eine besonders auf den Geruchssinn hin geprägte spezielle Jagdhundzüchtung. Sobald der Vorstehhund ein verstecktes Beutetier aufgespürt hat, wird sein Bewegungsablauf abrupt unterbrochen; er steht absolut regungslos und nimmt dabei eine Haltung an, als wolle er auf etwas »hinweisen«. Der Kopf ist tief gesenkt, der Hals weit nach vorn gestreckt. Der Schwanz zeigt steif und fast waagrecht nach hinten. Einer seiner Vorderläufe befindet sich meistens in der Luft, als ob er mitten in der Bewegung »eingefroren« wäre. Er steht still wie eine Statue, und kann diese Position endlos lang beibehalten. Nur ein leichtes Zittern oder Beben des Körpers, vor allem des Schwanzes, verrät die ungeheure Erregung und Spannung, die er in diesem Augenblick empfindet.

Vorstehhunde sollen, so wird behauptet, mehrere Stunden in dieser Stellung ausharren können. Normalerweise erlöst der Mensch jedoch seinen vierbeinigen Gefährten mit einem Schuß aus diesem Bann, sobald die Beute aus ihrem Versteck zu fliehen versucht. Erst dann nimmt der Pointer seinen unterbrochenen Bewegungsablauf und die Spurensuche wieder auf.

Manchmal werden zwei Vorstehhunde als Team eingesetzt. Ein einzelnes Tier kann seinem zweibeinigen Jagdgefährten zwar durch Stehen anzeigen, in welcher Richtung sich die Beute befindet, aber nicht, wie weit sie noch vom Hund entfernt ist. Wenn zwei Pointer die Beute aus verschiedenen Richtungen fixieren, zeigen sie dem Menschen in einer Art Koordinatensystem sowohl die Richtung als auch die Entfernung an, woraus sich die genaue Position des beklagenswerten Opfers ablesen läßt.

Das Jagdverhalten eines Vorstehhundes mag zwar wie angezüchtet wirken, aber es ist ein Muster, das sich auch bei seinen Vorfahren findet. Sobald die Anführer eines Wolfsrudels die Beute gewittert haben, verharren sie reglos und zeigen den übrigen damit die genaue Richtung an. Diese folgen dem Beispiel und versuchen selbst, die Witterung aufzunehmen. Erst nach dieser Pause, wenn das ganze Rudel Geruch und Richtung der Beute identifiziert hat, beginnt die nächste Phase der Jagd. Dieses Innehalten gehört zum ererbten Verhaltensrepertoire des Vorstehhundes. Er pausiert — wie die Wölfe. Das einzige, was ihn von seinen Wolfsvorfahren unterscheidet, ist das lang anhaltende »eingefrorene« Stehenbleiben. Nicht das Vorstehen selbst, sondern diese künstliche Verlängerung des Ablaufes ist ein Merkmal, das der Mensch durch Zucht geprägt hat.

Setter verhalten sich bei der Jagd ähnlich wie Pointer. Der einzige Unterschied besteht darin, daß sie — ihr Name weist darauf hin — in sitzender Position vor der aufgespürten Beute verharren.

Das Jagdverhalten der Setter orientiert sich allerdings stärker an der Hinterhalts-Strategie ihrer Wolfsvorfahren. Es gibt — wie bereits erwähnt — Jagdphasen, in denen sich ein Wolf vom Rudel trennt, sich flach an einer unübersichtlichen Stelle auf den Boden preßt und darauf wartet, daß ihm seine Gefährten die Beute zutreiben. Bei Settern findet sich dieses Element der Wolfsjagd in extrem ausgebildeter Form als rassespezifisches Züchtungsmerkmal.

Auch bei den Retrievern, die die Beute nach dem Schuß apportieren, haben sich bestimmte angeborene Verhaltensschemata der Wolfsjagd erhalten, Wildlebende Wolfsrüden bringen Teile der Beute ihren Fähen (= Weibchen) oder den Welpen, die noch zu jung für die Jagd sind. Diese Bereitschaft, die Jagdbeute zu teilen, haben sich Generationen von Hundezüchtern zunutze gemacht. Dadurch hat sich im Laufe der Zeit die Rasse der Retriever entwickelt, die einzig darauf abgerichtet ist, die Beute zu apportieren, ohne sie für sich selbst zu beanspruchen.

Dasselbe Verhaltensschema — den im Bau Zurückgebliebenen Nahrung zu bringen — liegt einem Spiel zugrunde, das bei Hunden besonders beliebt ist: Sie finden großes Vergnügen daran, einen Stock oder Ball, den ihr menschlicher Partner geworfen hat, zurückzubringen.

Warum fressen Hunde Gras?

Obwohl Hunde, wie auch Katzen, Fleischfresser sind, sieht man sie beide gelegentlich an Grashalmen kauen. Normalerweise schlucken sie nur geringe Mengen hinunter und sind zudem mehr am Saft in den Stengeln als an den festen Bestandteilen interessiert. Katzen sollen sich nach neuesten Erkenntnissen auf diese Weise zusätzliches wichtiges Vitamin beschaffen — die Folsäure —, die in Pflanzen enthalten ist. Dasselbe gilt möglicherweise auch für Hunde, obwohl es auch noch eine andere einleuchtende Erklärung gibt.

Manche Hundehalter haben bemerkt, daß ihre Vierbeiner dann Gras fressen, wenn sie eine Zeitlang Probleme mit der Verdauung hatten. Nachher kehren sie ins Haus zurück und erbrechen die Halme, die sie gerade gefressen haben. Es gibt Hundeexperten, die behaupten, daß der Mangel an Ballaststoffen im täglichen Nahrungsangebot Ursache der ursprünglichen Magen-Darmverstimmung sei; durch das unbekömmliche Gras würden die Symptome noch verstärkt und führten zum Erbrechen.

Eine andere Hypothese lautet, daß Hunde instinktiv das unverdauliche Gras als eine Art Brechmittel fressen, wenn sie unter Magen-Darmprobleme leiden. Das ist allerdings reichlich unwahrscheinlich, denn Hunde erbrechen leicht, auch ohne derartige Hilfsmittel.

Wie gut können Hunde sehen?

Hunde haben außerordentlich gute Augen, die sich jedoch vom menschlichen Auge beträchtlich unterscheiden. Lange Zeit hat man angenommen, Hunde seien farbenblind und lebten in einer Schwarzweiß-Welt. Inzwischen weiß man aber, daß das nicht der Fall ist. Farben haben allerdings keine besondere Bedeutung für den Hund. Seine Netzhaut enthält — im Gegensatz zu der des Menschen — wesentlich mehr Stäbchen als Zapfen. Stäbchen dienen dem Schwarzweiß-Sehen bei diffusem oder Dämmerlicht, Zapfen dem Farbsehen. Da die Netzhaut von Hunden besonders viele Stäbchen aufweist, sind ihre Augen optimal den Tageszeiten angepaßt, zu denen sie am aktivsten sind: der Morgen- und Abenddämmerung. Dieser Tagesrhythmus, bei dem die Phasen der höchsten Aktivität zu Zeiten erfolgen, in denen Zwielicht herrscht, findet sich bei der Mehrzahl der Säugetiere. Menschen sind normalerweise tagaktive Lebewesen und insofern keine typischen Mitglieder der Säugetier-Familie, zumindest was ihre Sehfähigkeit betrifft.

Die geringe Anzahl der Zapfen in der Netzhaut des Hundes läßt darauf schließen, daß sie zwar nicht gerade — wie der Mensch — in einem Farbenrausch schwelgen, aber ihre canide Welt zumindest bis zu einem gewissen Grad farbig wahrnehmen. Der bekannte Augenspezialist Gordon Walls hat einmal gesagt: »Jedem Tier, das vornehmlich in der Dämmerung aktiv und dessen Auge so reich mit Stäbchen versehen ist (wie das des Hundes), müssen sich selbst die kräftigsten Spektralfarben wie hauchzarte Pastelltöne und

-schattierungen ungewisser Identität darstellen.« Das mag sein, aber Pastelltöne sind immer noch besser als eine schwarzweiß gehaltene Welt, und die Vorstellung ist erfreulich für uns, daß unsere vierbeinigen Freunde zumindest einen Abglanz der farbenfrohen Welt wahrnehmen, durch die sie uns begleiten.

Bei Dämmerlicht sind Hunde dem Menschen weit überlegen. An der Rückwand ihrer Augen befindet sich eine lichtreflektierende Schicht, *tapetum lucidum* genannt, die das aufgenommene Bild verstärkt. So ist selbst unter schlechtesten Lichtverhältnissen die Wahrnehmungsfähigkeit gewährleistet. Diese Schicht ist ebenso bei Katzen dafür verantwortlich, daß die Augen im Dunkeln leuchten.

Ein weiterer Unterschied zwischen dem menschlichen und dem Hundeauge besteht darin, daß Hunde mehr auf Bewegung als auf die optische Wahrnehmung von Details fixiert sind. Ein unbewegliches Objekt in größerer Distanz ist für sie kaum auszumachen. Deshalb verharren so viele Beutetiere vor dem Fluchtversuch sekundenlang wie »eingefroren« mitten in ihrer Bewegung, wenn sie durch irgend etwas alarmiert werden. Tests haben gezeigt, daß ein Hund seinen Herrn nicht entdecken kann, wenn dieser rund dreißig Meter von ihm entfernt unbeweglich Stellung bezieht. Andererseits sieht ein Hirtenhund die deutlich ausgeführten Handsignale des Schäfers noch aus einer Entfernung von mehr als einem Kilometer. Diese Fähigkeit, jede noch so geringe Bewegung zu erkennen, ist für wildlebende Hunde, die auf die Jagd gehen, von entscheidender Bedeutung. Sobald das Opfer zu fliehen versucht, arbeiten die Augen mit größter Leistungskraft.

Ebenso hilfreich bei der Jagd ist das weite Gesichtsfeld des Hundes. Hunderassen mit schmalem Kopf, wie beispielsweise der Greyhound, haben einen Gesichtswinkel von 270 Grad; andere, weniger für die Jagd oder spezifische Aufgaben abgerichtete Hunderassen, verfügen im Durch-

schnitt über einen Gesichtswinkel von 250 Grad. Bei flachgesichtigen Rassen ist er ein wenig geringer, wenn auch bei weitem größer als der des Menschen (180 Grad). Als Preis dafür, daß Hunde selbst die geringste Bewegung in einem breiten Umfeld erkennen können, haben sie allerdings einen Teil ihres binokularen Sehvermögens eingebüßt, das nur halb so gut ausgebildet ist wie das des Menschen. Deshalb können wir Entfernungen besser abschätzen als Hunde.

Wie gut hören Hunde?

Im Niedrigfrequenzbereich haben Hunde in etwa die gleiche Hörfähigkeit wie wir. Nur im Hochfrequenzbereich sind sie uns weit überlegen. In jungen Jahren kann unser Ohr noch Schallwellen mit 30 000 Schwingungen pro Sekunde aufnehmen, beim Erwachsenen reduziert sich die Zahl auf 20 000, und im Alter sind es nur mehr 12 000. Bei Hunden liegt die obere Grenze zwischen 30 000 und 40 000 Schwingungen pro Sekunde, neuesten russischen Erkenntnissen zufolge sogar bei 100 000 Schwingungen pro Sekunde.

Dadurch ist der Hund in der Lage, Töne zu hören, die für das menschliche Gehör im Ultraschallbereich angesiedelt sind. Wenn ein Hund plötzlich seine Ohren aufrichtet und lauscht, hat er vielleicht das hohe Fiepen von kleinen Nagern oder Fledermäusen vernommen, das für uns nicht mehr zu vernehmen ist. Daß Hunde einen so ausgeprägten Gehörsinn entwickelt haben, hängt zweifellos mit den Jagdbedingungen ihrer Wolfsahnen zusammen, die fähig waren, selbst noch das leiseste Rascheln von Ratten, Mäusen und anderen kleinen Nagetieren zu vernehmen.

Diese Eigenschaft besitzen unsere Haushunde auch heute noch, und sie sind dadurch in der Lage, minimale Geräusche zu entschlüsseln, die vom Menschen nicht wahrgenommen werden und daher wie telepathische Fähigkeiten anmuten. Denken Sie nur an die Art und Weise, wie sich Hunde bei der Ankunft ihres Herrchens oder Frauchens verhalten. Lange bevor irgend jemand etwas Ungewöhnliches vernimmt, springen sie auf, lauschen und warten voller Spannung darauf, ihn oder sie endlich begrüßen zu dürfen. Der Hund erkennt bereits am Schritt, oder am Geräusch des Automotors, ob sich sein Herr und Meister oder ein Fremder dem Haus nähert.

Wem diese Reaktionen allzu fantastisch erscheinen, der sollte sich daran erinnern, daß wildlebende Wölfe fähig sind, das Heulen ihrer Artgenossen noch auf eine Entfernung von mindestens sechs Kilometern zu hören.

Wie empfindlich ist die Hundenase?

In der Welt der Düfte und Gerüche ist der Mensch dem Hund weit unterlegen. Der Hund besitzt einen so ausgeprägten Spürsinn für die subtilsten Nuancen, daß diese Geruchswelt dem Menschen ebenso unzugänglich scheint, wie dem Hund die höhere Mathematik. Es ist nicht einfach, diese Überlegenheit mit Worten zu schildern. Einige Experten haben behauptet, daß der Geruchssinn eines Hundes hundertmal feiner sei als der des Menschen; andere sprechen von millionen- oder sogar hundertmillionenmal. Fest steht, daß sich ein Vergleich nur im Hinblick auf spezifische chemische Substanzen ziehen läßt: Auf manche Gerüche reagiert die Hundenase nicht viel empfindsamer als die menschliche, weil sie für das Tier wenig Bedeutung haben — z. B. auf den Duft von Blumen. Dagegen hat man in Tests eindeutig nachgewiesen, daß das Geruchsvermögen von Hunden beim Aufspüren bestimmter Duftstoffe, wie beispielsweise Buttersäure, die im Schweiß enthalten ist, mindestens eine millionmal besser ist als das des Menschen.

Es gibt beeindruckende Beispiele, die diese Angaben belegen. Z. B. hat man in einem Test sechs Teilnehmern je einen Kieselstein in die Hand gegeben und sie so weit wie möglich werfen lassen. Danach durfte ein Hund an der Hand eines Werfers schnuppern. Es genügte schon die kurze Berührung des Kielesteins vor dem Wurf, und der Hund konnte den Schweißgeruch, der dem Kiesel anhaftete, fehlerlos identifizieren. Noch verblüffender ist der sogenannte Glasstreifen-Test: Ein Teilnehmer berührte mit den Fingerspitzen ganz kurz einen gläsernen Objektträger, der dann zusammen mit einer Reihe identischer Glasstreifen sechs Wochen lang unter Verschluß gehalten wurde. Im darauffolgenden Test konnte der Hund mühelos den Objektträger identifizieren, der den Fingerabdruck aufwies.

Der menschliche Fußschweiß ist für den Hund noch leichter aufzuspüren. Bluthunde sind in der Lage, einer vier Tage alten Spur über Hunderte von Kilometern zu folgen. Der Geruch menschlicher Füße ist für einen Hund so stark, daß er einen bestimmten Fußabdruck auch dann noch identifizieren kann, wenn er durch andere Abdrücke überlagert wurde, sogar wenn alle Beteiligten Schuhe getragen haben.

Diese Fähigkeit, die der Hund seinen 220 Millionen Geruchszellen verdankt, während der Mensch nur rund 5 Mil-

lionen besitzt, hat sich der Mensch zunutze gemacht und Hunde in vielen Aufgabenbereichen eingesetzt, die einen ausgeprägten Spürsinn verlangen. Wie man weiß, haben Bluthunde früher bei der Verfolgung entlaufener Sklaven und später beim Auffinden entflohener Häftlinge gute Dienste geleistet. Weniger bekannt ist, daß man sich die feine Spürnase von Hunden z.B. auch dafür zunutze macht, festzustellen ob Zwillinge ein- oder zweieiig sind. Da der menschliche Eigengeruch genetisch festgelegt ist, besitzen eineiige Zwillinge einen identischen Körpergeruch; folglich kann der Hund die Geschwister am Eigengeruch nicht unterscheiden. Bei zweieiigen Zwillingen ist der Eigengeruch unterschiedlich, so daß der Hund hier genau differenzieren kann.

Hunde werden aufgrund ihres ausgeprägten Geruchsvermögens u.a. bei der Trüffelsuche, in der Drogenfahndung, beim Aufspüren von Bomben und bei der Suche nach Lawinenopfern eingesetzt. Die drei am meisten verbreiteten Drogen — Marihuana, Kokain und Heroin — haben einen typischen Eigengeruch, den der Hund selbst dann mühelos aufspürt, wenn der »Stoff« in irgendwelchen Gegenständen versteckt wurde. Selbst wenn die Schmuggler versuchen, den Eigengeruch der Drogen durch stärkere Duftstoffe — wie z.B. solchen in Parfüm, Gewürzen, Tabak, Zwiebeln oder Mottenkugeln — zu kaschieren, lassen sich Polizei- und Zollhunde, die speziell für die Drogenfahndung ausgebildet wurden, nicht täuschen. Hunde, die auf Bombensuche abgerichtet sind, entdecken ebenso mühelos den Schwefelgeruch, der dem Sprengstoff anhaftet, oder die Säure im Nitroglyzerin. Wenn es darum geht, ungewöhnliche Gerüche aufzuspüren, ist der Hund effektiver als jedes vom Menschen ersonnene Hilfsmittel.

Im Verlauf der Evolution dienten diese erstaunlichen olfaktorischen Fähigkeiten in erster Linie dazu, die Beute auf größere Distanz aufzuspüren. Ein Wolf kann den Geruch eines Wildes noch in einer Entfernung von drei Kilometern aufnehmen — mit dem Wind allerdings. Wenn das Rudel die Witterung eines Wildes bekommen hat, erstarren die Tiere auf der Fährte, wobei sich ihre Körper direkt auf die Beute hin ausrichten. Danach drängt sich das Rudel eng zusammen, Nase an Nase; nur die heftig ausschlagenden Ruten verraten die Erregung der Tiere. Dann, nach ca. zehn bis fünfzehn Sekunden, prescht das Rudel los und die Jagd beginnt. Für diese und ähnliche Spezies, insbesondere wenn sie in rauhen und kalten Klimazonen beheimatet sind, entscheidet der Spürsinn über Leben und Tod der Art. Diese unglaublich feine Spürnase haben unsere domestizierten Hunde von ihren Wolfsahnen geerbt.

Warum wälzen sich Hunde manchmal im Dreck?

Hundehalter, die großen Wert auf Reinlichkeit legen, bringt der gelegentliche Impuls ihrer Vierbeiner, sich selbstvergessen im Dreck herumzuwälzen, nicht selten zur Verzweiflung. Halb verweste Kadaver, die der Hund zufällig bei einem ausgedehnten Spaziergang im Grünen entdeckt, Kuhfladen und Pferdeäpfel scheinen eine magische Anziehung auf ihn auszuüben. Man hat behauptet, der Hund versuche damit, die vorhandenen Duftmarkierungen durch die eigene Duftmarke zu überlagern. Diese Interpretation stützt sich auf die Beobachtung, daß Hunde, die an bestimmten Punkten eines Reviers eine fremde Markierung entdecken, ihre eigene Duftmarke exakt über der ihres Vorgängers anbringen.

Die Erklärung enthält jedoch einen Denkfehler. Der persönliche Duft, den der Hund hinterläßt, wenn er sich an irgendeinem Objekt reibt, ist wesentlich schwächer als der durch die Ausscheidung seines Kots und Urins entstandene. Die Substanzen, in denen sich der Hund suhlt, haben einen besonders starken Eigengeruch, den er durch die entsprechende Menge des eigenen Urins oder Kots viel besser überdecken könnte. Aber das hat man bisher nicht beobachtet. Daraus ließe sich die Schlußfolgerung ableiten, daß der Hund die wirksamste Methode einfach nicht kennt, doch das ist ziemlich unwahrscheinlich.

Viel plausibler klingt die Erklärung, daß Hunde den Geruch des Objektes nicht überdecken, sondern das genaue Gegenteil damit erreichen wollen. Wenn sie sich im Kuhfladen oder anderen Tierexkrementen wälzen, nimmt ihr Fell den Fremdgeruch an, der eine perfekte Tarnung, beispielsweise bei der Jagd, darstellt. Selbst ein Kadaver kaschiert – wenn auch in geringerem Maße als die Duftmarke einer lebenden Beute – den Eigengeruch.

In einer anderen Hypothese heißt es, daß Hunde, die sich in fremden Düften wälzen, anderen Artgenossen spezifische Informationen übermitteln wollen. Wenn sie den Geruch der Exkremente angenommen haben und mit anderen Hunden zusammentreffen, teilen sie ihnen dadurch mit, daß sie einen wertvollen Fund gemacht haben, und animieren die Artgenossen so zur gemeinsamen Jagd. Mit Sicherheit ist ein Hund, dem Dunggeruch anhaftet, für seine caniden Freunde äußerst interessant, nicht so sehr allerdings für seine menschlichen Besitzer. Andere Hunde scharen sich um ihn, beschnüffeln ihn und entschlüsseln diese aufregende, neue Duftbotschaft. Aber ob die »Riechprobe« bei wildlebenden Rudeln auf Anhieb den Jagdtrieb weckt, ist bisher nicht bekannt.

Die Tatsache, daß sich Hunde bei Laborexperimenten in einer Vielzahl der unterschiedlichsten Substanzen mit star-

kem Eigengeruch wälzen — sei es Zitronenschale, Parfum, Tabak oder verrottender Abfall —, gilt bei vielen Experten als Schwachstelle, sowohl für die sogenannte Camouflage- oder Tarntheorie, als auch für die Theorie, die behauptet, es würde den Jagdtrieb auslösen. Eine andere, wesentlich einfachere Hypothese besagt, daß Hunde beim Wittern jeder Substanz mit starkem Eigengeruch — gleichgültig, aus welcher Quelle er stammt — in eine Art »Duftrausch« verfallen. Beweise zu finden, die für oder gegen diese Erklärung sprechen, dürfte schwierig sein; deshalb erscheint sie auch wenig brauchbar. Vielleicht sollte man sich einmal vor Augen halten, daß der vorherrschende Geruch in freier Wildbahn von den Dunghaufen irgendwelcher Beutetiere stammt. Kadaver bleiben hier nicht lange genug liegen, um zu verrotten und einen starken Eigengeruch zu verströmen, und andere Duftsubstanzen, wie beispielsweise Parfum oder Tabak, kannten die caniden Vorfahren unserer Vierbeiner nicht. Deshalb kann man wohl davon ausgehen, daß die Reaktion unserer Haushunde auf diese Duftquellen für das Überleben wenig oder überhaupt keine Bedeutung haben.

Warum schleifen manche Hunde ihren Hinterkörper am Boden entlang?

Es wurde behauptet, daß Hunde am Boden entlangkriechen, um zu markieren und ihre Duftmarke, die aus Drüsen im Analbereich stammt, zu hinterlassen. Auch viele andere Tierarten besitzen Duftdrüsen in der Analregion, mit denen sie ihr Revier kennzeichnen. Zu ihnen gehört der riesige Pandabär. Panda-Männchen wie -Weibchen markieren bei den regelmäßigen Patrouillen ihr Territorium, indem sie ihren Körper an einem Stein oder Baumstumpf reiben.

Bei Haushunden scheint es nicht normal zu sein, durch Entlangschleifen am Boden zu markieren. Untersuchungen an Tieren, die dieses Verhaltensmuster zeigen, haben ergeben, daß ihre Analdrüsen verstopft waren und Juckreiz oder Schmerzen verursachten. Das Entlangscheuern am Boden war, wie es scheint, keine Markierbewegung, sondern der Versuch, sich von einem lästigen Juckreiz zu befreien.

Die Analdrüsen sind zwei erbsengroße Organe, die sich zu beiden Seiten des Mastdarms etwa sechs Millimeter hinter der Analöffnung befinden. Bei jeder Kotabsonderung werden die Duftdrüsen zur Produktion angeregt und fügen den Fäkalien eine stark riechende Substanz hinzu. Diese spezifische Duftnote scheint unabhängig vom jeweiligen Hormonhaushalt zu sein. Die in den Exkrementen enthaltene Duftbotschaft enthält kein Signal, das auf die sexuelle Kondition schließen läßt. Sie scheint vielmehr allein die persönliche Identität zu demonstrieren, als eine Art »Visitenkarte« zu dienen. Wir identifizieren einen Menschen anhand von Fotografien, Fingerabdrücken (sofern es sich um Straftäter handelt), oder an seiner Handschrift. Hunde erkennen sich untereinander an ihrem unverwechselbaren Duft.

Wenn sich zwei ranghohe Hunde begegnen, stellen sie sich Kopf an Schwanz und beschnüffeln gegenseitig die Analregion des anderen. Die Rute ist dabei hoch erhoben und zittert leicht. Dadurch werden die Analdrüsen angeregt, eine kleine Menge ihrer stark duftenden Substanzen abzugeben. Beide Hunde sind von diesen Düften fasziniert, die sie mit der Nase erforschen wie Menschen, die versuchen, bei der

Begrüßung den Gesichtsausdruck ihres Gegenübers zu erkunden. Welche Botschaften diese Duftsignale im einzelnen enthalten, ob darin auch etwas über die Stimmungslage, die physische Kondition usw. ausgesagt wird, ist bisher nicht bekannt, aber sie sind für die Kommunikation der Caniden zweifellos von großer Bedeutung. Deshalb sind verstopfte Analdrüsen für Hunde nicht nur schmerzhaft und lästig, sondern geradezu ein soziales Desaster. Und das ist auch der Grund, warum der arme Hund am Boden entlangkriecht und die schmerzende Körperstelle dabei scheuert, nicht um zu markieren, sondern um die lästige Verstopfung loszuwerden.

Wie zieht die Hündin ihre Welpen auf?

Hündinnen sind neun Wochen trächtig. Am Tag vor der Geburt wird die Hündin unruhig und verweigert die Nahrungsaufnahme. Sie zeigt sich Fremden gegenüber zwar aggressiv, schließt sich aber noch enger an ihre »Menschenfamilie« an. Hat man ihr eine Wurfkiste eingerichtet, zieht sie sich, kurz bevor die Wehen einsetzen, dorthin zurück und legt sich in Seitenlage, mit dem Rücken zur Wand und dem Kopf zum Eingang gerichtet. Langsame Atemzüge und Hecheln wechseln einander ab, sobald der Geburtsvorgang einsetzt. Im Augenblick der Geburt können Körper und Hinterbeine leicht zittern. Die Welpen werden in Abständen von ca. einer halben Stunde geboren. Nach jedem Werfen entfernt die Hündin die schützende Geburtshülle, leckt den Körper des Neugeborenen, bis es zu atmen beginnt, beißt die Nabelschnur durch, frißt die Nachgeburt auf und drückt den Welpen dann schützend an ihren Körper. In dieser U-Stellung ruht sie so lange, bis der Geburtsvorgang von neuem beginnt. Eine Hündin wirft im Durchschnitt fünfmal und braucht dazu mehrere Stunden.

Bis hierher gleichen sich die Geburtsvorgänge und das Verhalten der Hunde- und Katzenmütter. Es gibt allerdings einen interessanten Unterschied in bezug auf die Wurfkiste: Die Hündin versucht verzweifelt, den Boden der Box aufzuscharren; bei Katzen wurden diese Bewegungen niemals beobachtet. Das zeigt, daß es schon bei den wilden Vorfahren der Hunde bzw. Katzen wesentliche Verhaltensunterschiede gegeben haben muß. Katzen scharren zwar ihre Fäkalien zu, aber sie graben keine Höhlen oder Tunnel für die

»Kinderstube«. Wildkatzen suchen so lange, bis sie eine annehmbare, bereits fertige Geburtsstätte finden (deshalb unternehmen unsere Hauskatzen so gerne ausgedehnte Expeditionen in alle dunklen Schränke, die sich im Haus befinden). Wölfe graben sich ihren Wurfplatz selbst, der im übrigen ein äußerst beeindruckendes Bauwerk ist. Er liegt normalerweise auf einer Anhöhe in der Nähe einer Wasserstelle; dort kann das Regenwasser gut ablaufen, und außerdem ist ein ausreichender Trinkwasservorrat in Reichweite. Der Eingang der Höhle befindet sich meistens unter einem Stein oder Baumstumpf und ist somit optimal getarnt. Sein Durchmesser beträgt ca. 60 Zentimeter. Vom Eingang führt ein riesiger Tunnel, oft von einer Länge bis zu viereinhalb Metern, in das Innere des Baus, eine verbreiterte Höhle, in der die Welpen geboren werden und die ersten drei Lebenswochen verbringen. Manchmal hat ein Wolfsbau mehrere Eingänge, die mit einem ungeheuren Aufwand an Zeit und Kraft gegra-

ben werden. Außerdem ist der Fähe eine Kinderstube nicht genug: sie gräbt einen zweiten Bau dicht neben dem ersten, um ihre Welpen im Notfall dort in Sicherheit zu bringen.

All diese Verhaltensmuster spiegeln sich, wenn auch in deutlich abgeschwächter Form, bei unseren Haushündinnen wider, die versuchen, ein Loch in den Boden der Wurfkiste zu scharren. Bedenken Sie bitte auch, welche Rolle in diesem Zusammenhang der Wohnbereich des Menschen spielt. Die meisten Häuser haben mehrere Türen und Gänge, die in verschiedene Zimmer führen. In den Augen des Hundes heißt das: Hier gibt es eine angemessen große Höhle, in die man durch verschiedene Eingänge und Tunnels gelangt. Mit anderen Worten, wir haben der trächtigen Hündin die Geburtsvorbereitung bereits abgenommen. Das einzige, was bei der menschlichen Architektur fehlt, ist der unebene Boden der Geburtsstätte. Deshalb folgt die Hündin dem ererbten und noch vage erinnerten Verhaltensmuster und versucht, den Boden aufzuscharren.

Es gibt noch ein weiteres faszinierendes Merkmal bei der Geburtsvorbereitung: Viele Hündinnen zerreißen — wie ihre Besitzer berichten — den Stoff oder die Zeitungen, mit denen der Boden der Wurfkiste ausgelegt wurde. Wir wissen, daß Wolfsfähen ihr Lager nicht auspolstern. Unsere Haushunde haben ihr ererbtes Verhaltensrepertoire also, wie es scheint, durch ein neues ergänzt.

Wenn alle Welpen geworfen, gesäubert und durch den Körper der Mutter geschützt sind, ruht sich die Hündin aus und säugt ihre Jungen mit der für diese so wichtigen Vormilch, dem *colostrum,* das das Immunsystem stärkt. Schon bald macht sich ein weiterer Unterschied zwischen Hund und Katze bemerkbar, denn die Welpen haben — im Gegensatz zu Katzenjungen — keine bestimmte »eigene« Zitze. Sie saugen dort, wo gerade Platz ist. Katzenjunge haben ihre festgelegte Nahrungsquelle. Der Grund dafür sind zweifellos die wesentlich schärferen Krallen der Katzen. Würden sie damit ihre Besitzansprüche geltend machen, wäre das für die Katzenmutter äußerst schmerzhaft, was durch die festgelegte Saugordnung verhindert wird. Der Hündin machen gelegentliche Rangeleien ihrer stumpfkralligen Nachkommenschaft wenig aus.

Wie sieht die Entwicklung der Welpen aus?

Hundewelpen werden blind und taub geboren; Gewicht und Größe variieren, je nach Rassenzugehörigkeit. Ein Wolfsjunges wiegt bei der Geburt ungefähr ein Pfund.

Im Durchschnitt besteht ein Wurf aus fünf Welpen. Für diejenigen von Ihnen, die präzise Zahlen vorziehen: Eine Analyse, in die 506 Würfe einbezogen waren, ergab eine Durchschnittszahl von 4.92. In einigen wenigen Ausnahmefällen wurden auch schon zwanzig Welpen in einem Wurf geboren.

Die ersten Tage ihres Lebens verbringen die Welpen zu 90 Prozent mit Schlafen und die restlichen 10 Prozent mit der Nahrungsaufnahme. Man spricht hier von der sogenannten neonatalen Phase, in der die primitiven Reflexe überwiegen.

Etwa ab dem 13. Tag öffnen die Welpen ihre Augen; der Zeitpunkt kann allerdings, je nach Rasse, variieren. Z. B. haben neun von zehn Foxterriern, aber nur einer von zehn Beagles zu diesem Zeitpunkt die Augen auf. Sehen können alle Welpen, gleich welcher Rasse, erst am 21. Lebenstag. Die Ohren werden erst um den 20. Lebenstag aktiv, was daran nachgewiesen werden kann, daß sie jetzt erstmalig bei einem akustischen Reiz erschrecken.

Im Alter von drei Wochen beginnen sie mit dem Schwanz zu wedeln und zu bellen. Nun verlassen die Welpen auch die Wurfkiste, um ihr großes und kleines »Geschäft« zu verrichten.

Im Alter von etwa vier Wochen haben die Welpen ungefähr das Siebenfache ihres Geburtsgewichtes erreicht, wenn die Entwicklung normal verlaufen ist. Nun beginnt für sie die

»Sozialisierungsphase«, in der sie spielerisch soziale Verhaltensweisen lernen.

Mit fünf Wochen ist die Gesichtsmuskulatur voll entwikkelt, und damit steht dem neuen Mitglied einer caniden Gemeinschaft ein wichtiges visuelles Ausdrucksmittel zur Verfügung. Im Alter von sechs Wochen beginnt sich im Wurf der Ansatz einer Rangordnung herauszukristallisieren, wobei die unglücklichen schwächeren Welpen den Attacken der stärkeren Wurfgeschwister ausgesetzt sind. Nach sieben Wochen beginnt die Muttermilch zu versiegen. Dann ist der richtige Zeitpunkt gekommen, die Welpen zu verkaufen oder zu verschenken, bzw. sie in eine neue Familie und deren Lebensraum zu integrieren. Auch hier gibt es wieder rassebedingte Unterschiede. Bei manchen Hunderassen ist es angezeigt, mit der Trennung von der Mutter noch bis zur zehnten Lebenswoche zu warten.

Die Sozialisierungsperiode wird ungefähr in der zwölften Lebenswoche durch die Jugendphase abgelöst. Die soziale Entwicklung der Junghunde ist weitgehend beendet. In freier Wildbahn würden sie nunmehr als gleichberechtigte Mitglieder an den Jagdaktivitäten teilnehmen. Von der sech-

zehnten bis zur vierundzwanzigsten Lebenswoche beginnen die bleibenden Zähne durchzubrechen.

Mit sechs Monaten heben die Hunderüden beim Urinieren das Bein und werden sexuell aktiv. Bei Rüden wie Hündinnen ist das Stadium der sexuellen Reife zwischen dem sechsten und neunten Lebensmonat erreicht; auch hier kann der genaue Zeitpunkt, je nach Rassezugehörigkeit, schwanken. Einige Tiere sind Spätentwickler, die erst zwischen dem zehnten und dem zwölften Lebensmonat erwachsen werden.

Die Entwöhnung der Welpen

Während der ersten drei Lebenswochen werden die Welpen ausschließlich mit Muttermilch ernährt. Die Hündin legt sich zum Säugen hin; die Welpen stimulieren den Milchfluß, indem sie mit den Vorderpfoten gegen den Bauch der Mutter drücken und an den Zitzen saugen. Die Mutter verbringt den größten Teil ihrer Zeit mit dem Wurf. Erst wenn sie ca. drei bis vier Wochen alt sind, läßt sie ihre Jungen über einen längeren Zeitraum allein. Wenn sie dann von ihrem Ausflug zurückkehrt, legt sie sich nur widerwillig zum Säugen nieder. Die Welpen, die nun wesentlich aktiver sind, versuchen die Zitzen zu erreichen. Wenn es ihnen gelingt, säugt die Mutter sie im Stehen. Im Verlauf des Tages wird sie immer ungeduldiger und versucht, ihnen auch während des Fütterungsvorganges zu entkommen. Sind die Welpen rund fünf Wochen alt, knurrt die Mutter, wenn sich die Jungen ihren Zitzen nähern; gelegentlich schnappt sie sogar nach ihnen, wenn auch mit äußerster Vorsicht, ohne sie wirklich zu berühren oder zu verletzen. Diese Abwehrgeste verfehlt ihre Wirkung auf die Jungen nicht; sie sind schockiert, daß man ihnen ihre Nahrungsquelle so plötzlich vorenthält. Während der folgenden zwei Wochen gelingt es ihnen ab und zu noch einmal, die Mutter zum Säugen zu bewegen, aber nach und nach nimmt der Milchfluß ab und versiegt mit der siebten Lebenswoche schließlich ganz. Das ist der Zeitpunkt, an dem die Jungen voll entwöhnt sind, obwohl es auch Fälle gibt, wo die Mutter ihre Welpen bis zur zehnten Lebenswoche säugt.

Während dieses allmählichen Entwöhnungsprozesses füttern die Hundehalter den Wurf zusätzlich mit Milchprodukten und speziellem Welpenfutter. Die Mutter nimmt diese Entwöhnungshilfe natürlich dankbar an. Aber wie verläuft der Entwöhnungsprozeß bei wildlebenden Caniden ohne menschliche Hilfestellung? Sie haben eine besondere Methode entwickelt, die die negativen Auswirkungen des Milchentzuges abschwächt. Sie bieten ihren Welpen vorverdaute Nahrung an, die hervorgewürgt wird. Wenn die Jungen etwa drei bis vier Wochen alt sind, läßt die Mutter sie zum erstenmal über einen längeren Zeitraum allein; sie geht auf Beutejagd, frißt und kehrt dann zum Wurf zurück. In freier Wildbahn werden die Jungen bei ihrer Ankunft durch den Geruch stimuliert, an der Schnauze der Mutter zu lecken, ihr Gesicht anzustubsen oder an die Kiefer zu gelangen und sogar mit dem Kopf anzustoßen. Sie begrüßen ihre Ankunft wie Vogeljunge im Nest ihre Eltern und lösen wie diese bei der Mutter damit einen Reflex aus. Gleichgültig wie hungrig die Heimgekehrte auch sein mag, sie kann dem Futterbetteln nicht widerstehen und würgt die halbverdaute Nahrung hervor.

Die Konsistenz dieser Nahrung ist für die Welpen ideal, da ihre Zähne gerade erst durchbrechen und sie somit unfähig wären, größere oder festere Nahrungsbrocken richtig zu kauen. In den folgenden Wochen — mit versiegender Milchproduktion — nimmt der Anteil an fester Nahrung zu, bis sie schließlich die einzige Form der Ernährung darstellt. Wenn die Welpen etwa zwölf Wochen alt sind, gehen sie selbst auf Nahrungssuche, wenn auch zu Beginn noch unter Anleitung und mit Unterstützung der Eltern.

Domestizierte Hündinnen, die ihre Welpen in der Obhut des Menschen aufziehen, neigen im allgemeinen nicht zum sogenannten Futtererbrechen. Die Jungen werden normalerweise von den Hundehaltern ausreichend mit Nahrung versorgt, so daß sie kein Bedürfnis zeigen, den Würgereflex bei ihrer Hundemutter auszulösen. Dennoch kann man gelegentlich noch Reste dieses angeborenen Verhaltensschemas beobachten. Unwissende Hundehalter geraten in Panik, wenn sie feststellen, daß die Hündin erbricht. Sie mißdeuten dieses Verhalten als ein Krankheitssymptom und wischen das Erbrochene auf, damit die Welpen nicht damit in Berührung kommen und sich infizieren. Damit wird allerdings den Jungen die während der Entwöhnungsperiode übliche Nahrung entzogen.

Beobachtungen an wildlebenden Wolfsrudeln haben gezeigt, daß das Futtererbrechen für die Sozialbeziehungen der Haushund-Vorfahren eine noch größere Rolle spielt. Wenn sich die Fähe hinlegt, um ihre Welpen zu säugen, wird sie von den Rudelmitgliedern mit vorverdauter Nahrung versorgt. Während der kritischen Periode nach der Geburt verläßt sie die Höhle nicht, um selbst zu jagen. Erst wenn der Wurf entwöhnt wird, beteiligt sie sich wieder am Beutefang und bringt den Jungen vorverdaute Nahrung. Sie übernimmt diese Aufgabe nicht allein, sondern wird dabei von anderen Rudelmitgliedern — einschließlich der Wolfsrüden — unterstützt. Die Wolfsrüden sind dabei sogar besonders aktiv und um die Nachkommenschaft besorgt. Sie jagen oft in einem Umkreis von dreißig Kilometern und erscheinen genau zur rechten Zeit wieder im Bau, bevor der Verdauungsprozeß zu weit fortgeschritten ist.

Es gibt zwei Aspekte in bezug auf die Nahrungsbeschaffung für die Jungtiere, die bei den Wölfen weit subtiler und ausgeprägter sind als bei ihren domestizierten Nachfahren. Die erwachsenen Tiere fressen in der Regel auch mehr oder weniger stark verweste Kadaver, aber sie bieten diese Beute niemals ihrer Nachkommenschaft an. Diese erhalten wegen ihres noch empfindlichen Verdauungssystems nur frisches Fleisch. Die ihnen zugedachte, vorverdaute Nahrungsmenge wird genau abgemessen und in kleine, seperate Häufchen unterteilt, so daß jedes Wolfsjunge seinen Anteil ungestört verschlingen kann.

Später, wenn die Jungen entsprechend scharfe Zähne haben, tragen die erwachsenen Tiere größere, nicht vorgekaute Fleischbrocken in der Schnauze in die Höhle zurück. Das erfordert viel Kraft: Man hat z.B. beobachtet, daß eine Wolfsfähe einen Elchlauf kilometerweit zu ihren Jungen schleppte.

Auch unsere Haushunde sind keine schlechteren Eltern im Vergleich mit ihren wilden Vorfahren. Man darf schließlich nicht vergessen, daß sie den Menschen als Rudelmitglied betrachten, weshalb seine Unterstützung bei der Fütterung des Nachwuchses als völlig natürliche Form der Kooperation angesehen wird. Die Mitglieder des Wolfsrudels zeigen genau denselben Teamgeist. Die Hündin wird durch die menschliche Hilfestellung entlastet und nimmt sie dankbar an.

Es gibt noch einen letzten Aspekt in der Entwöhnung der Welpen, der Erwähnung verdient. Wir Menschen finden die Vorstellung, Nahrung hervorzuwürgen, vielleicht ekelerregend, aber wir sollten bedenken, daß auch die Mütter unserer eigenen Spezies ihre Kinder vor der Erfindung der Babynahrung auf ähnliche Weise gefüttert haben. In bestimmten primitiven Kulturen wird die Nahrung auch heute noch zu einer breiigen Paste vorgekaut und den Babys von ihren Müttern mit dem Mund zugereicht. Eben diese Art des Fütterns gilt als Ursprung einer dem Menschen vorbehaltenen Form, einander Liebe und Zuneigung zu zeigen — nämlich durch den Austausch von Küssen. Wenn ein Hund seinem Besitzer also ganz gezielt das Gesicht leckt, kommt er damit diesem spezifischen Liebesbeweis eines Kusses näher, als den meisten von uns bewußt ist.

Warum kauen Welpen Schuhe an?

Viele Hundebesitzer machen die Erfahrung, daß ältere Welpen eine ziemlich destruktive Phase durchlaufen. Beliebtes Objekt dieser Zerstörungswut sind Schuhe und Handschuhe, Kinderspielzeug, Zeitungen, gelegentlich sogar die tägliche Post. Sie knabbern und kauen an den erbeuteten Gegenständen und schütteln sie manchmal so kräftig, als wollten sie ihnen den Garaus machen. Papier wird oft völlig zerfetzt, als handle es sich hier um einen toten Vogel, der vor dem Fressen gerupft werden muß. Manche englische Hundehalter beklagen, daß sich ihre Vierbeiner mit Vorliebe an der interessanten Post zu schaffen machen, während Rechnungen unangetastet bleiben. (Das ist kein Witz. Rechnungen werden in England in der Regel in braunen Briefumschlägen versandt, die für den Hund optisch weniger anziehend wirken als weiße.)

Hier werden Verhaltensweisen offenkundig, die für das Welpenalter charakteristisch sind. Sie sind, und das sei hier als erstes gesagt, nicht auf Boshaftigkeit, sondern auf Verspieltheit und Neugier zurückzuführen. Heranwachsende Hunde sind geradezu darauf vorprogrammiert, ihre Umgebung genauestens zu erkunden. In freier Wildbahn müssen sie allen Dingen auf den Grund gehen und alles in ihrem Lebensbereich genau erkunden, um zu überleben. Unser Haushund erfreut sich zwar einer relativ gesicherten Existenz, hat aber in dieser Hinsicht wenig von seinen ererbten Verhaltensweisen eingebüßt.

Zweitens sind die Junghunde jetzt in dem Alter, in dem sie

zahnen. Mit vier bis sechs Monaten haben sie mehr denn je das Bedürfnis, an harten Gegenständen zu kauen, um den Durchbruch der Zähne zu erleichtern. Die breiige Konsistenz der handelsüblichen Hundenahrung ist für diesen Zweck völlig ungeeignet. Wenn man also versäumt, den Welpen geeignete harte Gegenstände zum Kauen zu geben, suchen sie auf uns weniger genehme Art Ersatz.

Drittens fängt jetzt der Jagdtrieb an sich bemerkbar zu machen. Die Welpen sind in einem Alter, in dem sie sich für lebende Beute interessieren, aber bei der Jagd noch nicht viel Erfolg haben. Während dieser Phase, in der die richtige Ernährung für das Wachstum eine entscheidende Rolle spielt, bringen die wildlebenden erwachsenen Rudelmitglieder ihrem Nachwuchs die ersten größeren Fleischbrocken. Für Welpen dieses Alters ist es also normal, daß große Hunde — in diesem Fall ihre menschlichen Besitzer — Dinge herumliegen lassen, auf denen sie herumbeißen und die sie fressen können. Es ist daher ganz natürlich und keineswegs als abartiges Verhalten zu werten, daß die Jungtiere in einem Schuh, der auf dem Teppich vergessen wurde, oder der Morgenpost auf der Fußmatte ein willkommenes Geschenk der erwachsenen Rudelmitglieder sehen. Für sie muß es frustrierend und unverständlich sein, wenn sie für die Bereitschaft, sich ihrer menschlichen Familie anzupassen, ausgeschimpft oder bestraft werden, weil sie einen Schuh oder etwas anderes ruiniert haben.

Wie sieht das Sexualverhalten unserer Haushunde aus?

Bei Hunden gibt es im Sexualleben eine spezifische Form von Ungleichheit. Bei Menschen sind das männliche und weibliche Geschlecht gleichermaßen das ganze Jahr hindurch sexuell aktiv. Im Tierreich gibt es viele Arten, bei denen Männchen und Weibchen zum selben Zeitpunkt paarungsbereit werden und für einen kurzen Zeitraum sexuell besonders aktiv sind. Bei Hunden hingegen sind die Rüden zwar das ganze Jahr über paarungsbereit, die Hündin jedoch nur zweimal im Jahr für eine kurze Zeit läufig. Das bedeutet, daß der bedauernswerte Rüde den größten Teil seines Erdendaseins zu sexueller Enthaltsamkeit gezwungen und daher ziemlich frustriert ist.

Aber das ist noch nicht alles. Wenn sich die langersehnte Läufigkeit bei der Hündin endlich nähert, zeigt sich diese äußerst spröde. Nur an wenigen Tagen — meistens zu Beginn des Frühjahres und im Herbst — duldet sie die Annäherungsversuche des Rüden. Für die wenigen männlichen Haushunde, die weder vom Besitzer kastriert worden sind, noch beim Anblick jeder läufigen Hündin zurückgepfiffen oder eingesperrt werden, sobald sie in der Nachbarschaft ihre große Chance wittern, und die nicht von Rivalen mit Gewalt verdrängt oder von der äußerst wählerischen »Auserwählten« zurückgewiesen werden, gibt es also ganze zwei Wochen im Jahr, in denen sie nicht — wie ihre übrigen Leidensgenossen — sexuell frustriert sind.

Dem weiblichen Geschlecht ergeht es allerdingst in dieser Hinsicht auch nicht viel besser. Wenn die Hündin nicht gerade sterilisiert worden ist, wird sie während der kurzen Läufigkeit im Haus eingesperrt, mit dämpfenden Medikamenten vollgepumpt oder gezwungen, ein Marterinstrument mit sich herumzuschleppen, das dem menschlichen Keuschheitsgürtel des Mittelalters entspricht. Die Glücklichen, denen der Mensch einen Begatter zugestanden und ausgesucht hat, bekommen auch nur für diesen einen kurzen Akt »grünes Licht« für eine reduzierte Befriedigung ihrer sexuellen Bedürfnisse.

Natürlich kann man den Hundehaltern keinen Vorwurf machen. Wenn man unseren Vierbeinern erlauben würde, ihre Sexualität ungehindert auszuleben, würden wir wohl eine »Hundeschwemme« erleben. In den Tierheimen müssen jährlich schon Tausende von Hundebabys aus Platzmangel getötet werden. So kommt es, daß wir Menschen selten die Möglichkeit haben, Einzelheiten und Ablauf des caniden Sexualverhaltens zu beobachten und kennenzulernen. Bei den wenigen Gelegenheiten, wenn Rüden und Hündinnen gestattet wird, ihrem Sexualtrieb ohne Eingriff des Menschen nachzugeben, passiert folgendes:

In der ersten Phase der Läufigkeit beginnt die Hündin, ruhelos umherzuwandern. Sie trinkt mehr als gewöhnlich und uriniert häufiger auf ihren Ausflügen. Die Urinmarkierungen sind oft ein olfaktorisches Signal und locken die Rüden an. Sie schnüffeln ausgiebig an der Duftmarke, heben immer wieder den Kopf und starren in schweigender Konzentration in die Ferne, wie ein Mensch, der einen seltenen Wein kostet. Durch diese chemische Botschaft steigert sich ihre sexuelle Erregung. Sie versuchen anhand des spezifischen Geruches der vaginalen Absonderung, den Standort der läufigen Hündin auszumachen, wobei ihnen ihr fantastisches Geruchsgedächtnis zugute kommt. Die Sekretion ist eine Art Ausfluß aus dem zunehmend anschwellenden Genitalbereich der Hündin. Am Ende der Vorphase wird dieser Ausfluß zunehmend blutig, weshalb er von manchen Leuten als eine Art »Menstruation« der Hündin angesehen wird, was aber unrichtig ist. Die Menstruationsblutung ist das Ausstoßen der Gebärmutterschleimhaut nach einem unbefruchteten Eisprung. Im Falle der Hündin erfolgt die Blutung jedoch vor dem Eisprung und wird durch Veränderungen in den Wänden der Vagina verursacht, die der Vorbereitung zur Kopulation dienen.

Während dieses rund neun Tage dauernden Stadiums der Läufigkeit ist die Hündin aufgrund ihrer Duftabsonderungen bei den Rüden so heiß begehrt, daß sie von ihnen rücksichtslos verfolgt wird. Da der Eisprung noch nicht stattgefunden hat, weist sie zunächst alle Annäherungsversuche ab. Jetzt zeigt sie sich am sprödesten: Sie attackiert ihre stürmischen Bewerber, knurrt, beißt und bedroht sie. Weniger aggressive Hundedamen laufen weg oder drehen sich im Kreis, sobald ein Rüde versucht, sie zu besteigen. Oder sie nimmt Zuflucht zu der Strategie, sich in dem Augenblick auf ihr Hinterteil zu setzen, in dem der Rüde allerhöchstes Interesse dafür bekundet.

In unseren Augen mag diese Periode des Aufreizens und Zurückweisens sinnlos scheinen. Wenn die Hündin nicht kopulationsbereit ist, warum dann all diese eindeutigen Duftsignale? Die Antwort ist einfach: Sie will sich dadurch vergewissern, daß sämtliche Rüden in der Umgebung auf ihre sexuelle Verfassung aufmerksam geworden und im rechten Augenblick zur Stelle sind. Der Eisprung erfolgt spontan, am zweiten Tag der eigentlichen Fruchtbarkeitsperiode. Einen oder zwei Tage danach ist die Hündin paarungsbereit. Wenn sich jetzt keine Rüde anbietet, muß sie sechs Monate auf ihre nächste Chance warten.

Die Empfängnisbereitschaft dauert ebenfalls etwa neun Tage. Die Substanzen, die die Hündin absondert, werden klarer und wässriger und zeigen an, daß die Vagina aufnahmebereit ist. Nun beginnt erst die eigentliche Zeit der Werbung. Das Verhaltensmuster der Hundedame ändert sich: Sie sucht die Nähe des Rüden, zieht sich zurück, nähert sich erneut ... usw. Sollte der Rüde — was sehr unwahrscheinlich ist — dieser eindeutigen Aufforderung nicht Folge leisten, springt sie um ihn herum, berührt ihn mit den Pfoten oder besteigt ihn sogar. Normalerweise läßt dieser sich allerdings nicht lange bitten, und das Paar beginnt, sich ausgiebig zu beschnuppern. Zunächst examiniert man durch Schnüffeln die Nase oder leckt die Ohren des anderen. Dabei übernimmt der Rüde die aktivere Rolle, um noch ein letztes Mal zu überprüfen, ob der Duft ihn nicht getäuscht hat. Dann stellt er sich dicht neben seine Partnerin und legt sein Kinn auf ihren Rücken. Wenn sie still stehen bleibt und sich nicht wegdreht, wirbelt er herum, besteigt sie, und die Kopulation beginnt.

Die Hündin ist dabei keineswegs passiv. Wenn sie den Höhepunkt der Brunst erreicht und den Rüden bereitwillig akzeptiert hat (sie kann zu diesem Zeitpunkt noch recht wählerisch sein), hilft sie ihm, sein Ziel zu erreichen. Nachdem sie eine für ihn optimale Position eingenommen hat (sie steht still, während er sie einer genauen Prüfung unterzieht), erfolgt eine besondere Einladung an ihn, ein Signal, das ihre Paarungsbereitschaft anzeigt: Sie legt den Schwanz zur Seite und bietet ihm ihre Genitalien dar. Damit ist ihre Kooperation allerdings noch nicht zu Ende. Wenn der Rüde reagiert und sie besteigt, trifft er bei den Stoßbewegungen, die folgen, nur selten sein Ziel. Deshalb hilft sie ihm und bewegt ihren Körper entsprechend nach oben, nach unten oder seitlich. Wenn der Rüde sich während der Kopulation in ihrem Genick festbeißt (was nicht die Regel ist, aber gelegentlich vorkommt), wehrt sie sich nicht.

Bei den wilden Vorfahren unserer Haushunde ist das Sexualverhalten in fast allen Aspekten ähnlich. Die Domestikation hat die sexuelle Abfolge nur wenig verändert. Bei Hunden ist allerdings die Periode der Werbung im Vergleich zur Kopulationsphase deutlich verkürzt, insbesondere bei preisgekrönten Zuchtrüden und -hündinnen. An einem Wolfsrudel wurde beobachtet, daß von 1296 Werbungen nur 31 zur Kopulation führten. Bei den von Menschen arrangierten Verpaarungen kommt es zwar auch gelegentlich vor, daß der Partner abgelehnt wird, aber normalerweise sind die Begegnungen so gut durchorganisiert und Rüde wie Hündin so erfahren, daß die Mißerfolgsquote praktisch gleich Null ist.

Der Grund für die hohe Zahl der mißlungenen Paarungsversuche bei Wölfen (nur etwa 2,4 Prozent gelingen) ist darin zu suchen, daß in freier Wildbahn die sexuellen Präferenzen weit ausgeprägter sind. Wolfsrüden und Fähen bilden zwar keine monogame, lebenslange Partnerschaft, zeigen jedoch starke sexuelle Vorlieben und Abneigungen. Das hat zur Folge, daß viele Bewerber nie zum Ziel kommen. Ob es ähnliche Präferenzen auch bei Hundemeuten gibt, die unabhängig vom Menschen leben, läßt sich nicht mit absoluter Sicherheit behaupten. Aber aufgrund der Tatsache, daß sich durch die Haustierwerdung im Grunde nur wenig in den vererbten Verhaltensmustern geändert hat, spricht einiges dafür.

Die einzig nachweisbare Veränderung, die im Verlauf des Domestikationsprozesses erfolgte, ist der Zeitpunkt der Brunst. Junge Wölfinnen werden zum erstenmal im Durchschnittsalter von zweiundzwanzig Monaten läufig, also ein Jahr später als unsere Hündinnen. Bei ihnen tritt die Brunst außerdem nur einmal im Jahr ein – normalerweise im März –, während die Hündin im Herbst noch eine zweite Periode der Läufigkeit erlebt. Und was den Beginn der zwei Hitzeperioden angeht, gibt es starke zeitliche Abweichungen.

Warum können sich manche Rüden und Hündinnen nach der Kopulation nicht mehr voneinander lösen?

Eine der wohl rätselhaftesten Erscheinungen canider Sexualität ist, daß Rüden und Hündinnen nach der Kopulation manchmal nicht in der Lage sind, sich voneinander zu lösen. Selbst trotz heftigster Bemühungen, voneinander loszukommen, bleiben sie eine Zeitlang hilflos aneinandergefesselt; erst nach einer Weile gelingt es ihnen, sich zu befreien. Danach lecken sie sich verstört ausgiebig ihre Genitalien und entspannen sich.

Viele Jahre lang haben die Experten versucht, das Rätsel, das dieses Element des caniden Paarungsverhaltens aufgibt, zu lösen. Manche haben freimütig gestanden, daß sie darin keinen Sinn entdecken können. Andere haben die abwegigsten Vermutungen geäußert, um nicht zugeben zu müssen, daß sie überfragt waren. Bevor wir auf die verschiedenen Hypothesen eingehen, sollten wir uns einmal vor Augen führen, was während des Kopulationsprozesses im einzelnen geschieht.

Sobald die Hündin dem Rüden das Signal zum Besteigen gibt, umklammert er sie mit seinen Vorderbeinen und versucht, sie zu penetrieren. In dieser Phase ist der Penis nur halb erigiert. Durch kräftige Stoßbewegungen mit dem Becken versucht er, in sie einzudringen. Während er sich mit den Vorderpfoten am Körper seiner Partnerin festklammert, preßt er seine Brust und auch sein Kinn an ihren Rücken. Sie steht vollkommen regungslos, den Schwanz auf die Seite gelegt, um ihm die Penetration zu erleichtern.

Durch die nun folgenden charakteristischen Seitwärtsbewegungen des Hinterteils und die gleichzeitigen Beckenstöße kann der Penis tiefer in die Vagina eindringen. Am Schaft des Penis befindet sich ein Schwellkörper, *Bulbus glandis* genannt, der nach der Penetration zu schwellen beginnt. Der Penis ist nun voll erigiert. Zur selben Zeit zieht sich die Vagina stark zusammen. Durch das Anschwellen des Penis und die vaginale Kontraktion entsteht ein starker Blockiereffekt. Nach einigen weiteren Stoßbewegungen erfolgt dann die Ejakulation.

Nun würde der Rüde normalerweise absteigen. Die Vorderbeine werden dabei rechts und links neben der Hündin auf dem Boden plaziert. Da die Genitalien noch miteinander verbunden sind, nimmt er dabei eine ziemlich verkrampfte, verrenkte Haltung ein, die er dadurch ändert, daß er ein Hinterbein über ihren Rücken hebt und sich umdreht. Nun steht das Paar, noch immer aneinandergekettet, Rücken an Rükken. Entweder verharrt es eine Weile unbeweglich in dieser Position, bis sich die Sperre löst, oder es fängt an, sich freizukämpfen. Die Hündin zerrt dabei in die eine Richtung, der Rüde in die andere, und beide winseln und heulen kläglich. Wird das Paar dabei gestört, stürzt es bei dem vergeblichen Versuch, sich mit Gewalt voneinander zu lösen, unter Umständen sogar zu Boden und rollt in einem wirren Knäuel übereinander. Obwohl dieser Kampf für beide äußerst schmerzhaft und in den seltensten Fällen von Erfolg gekrönt ist, sind bleibende Schäden im Genitalbereich nicht festgestellt worden.

Die Experten streiten sich über die Zeitdauer der Sperre. Manche sprechen von mindestens 5 Minuten — andere von 15, 20, 25, 30, 35, 45, 75 Minuten und sogar von zwei Stunden. Aber die niedrigen bzw. hohen Werte sind eher die Ausnahme; in der Regel handelt es sich um 20 bis 30 Minuten. Die Sperre löst sich erst dann, wenn der Penis nicht mehr voll erigiert ist.

Hier sind nun einige Hypothesen, die dieses merkwürdige Verhaltensmuster erklären sollen: Eine These besagt, daß die Sperre und die dadurch erzielte Verlängerung der Paarung dazu diene, die emotionale Bindung zwischen Rüde und Hündin zu festigen und den Paarungsakt an sich »persönlicher« zu machen. Es ist richtig, daß die Kopulation und die darauffolgende Sperre den Rüden und die Hündin normalerweise einander näherbringt, aber ich möchte bezweifeln, daß der lang andauernde, schmerzvolle Trennungsversuch und die dabei nicht selten entstehende Panik liebevolle Gefühle bei den Partnern weckt. Es ist möglich, aber unwahrscheinlich.

Eine zweite Hypothese besagt, daß die Sperre dem Rüden den Akt angenehmer mache. Eine derartige Behauptung, so möchte man annehmen, kann nur von jemandem stammen, der Übung hat, den Paarungsakt zwischen Zuchtrüden und -hündinnen zu arrangieren und dafür zu sorgen, daß die Tiere von den Besitzern beruhigt und nicht anderweitig gestört werden. Unter diesen Umständen halten beide Partner vielleicht so lange still, bis die Sperre aufgehoben ist, und vermitteln den Eindruck, als ob sie sich ausruhten. In einer natürlicheren Umgebung, wo das Paar häufig durch zwei- und vierbeinige Passanten gestört wird, verläuft die Phase des Lösens keineswegs so friedlich und scheint den Tieren, zumindest zeitweise, äußerstes Unbehagen zu bereiten.

Drittens hat man angenommen, daß die Sperre als eine Art »Verteidigungssystem« diene: das Paar sei dadurch doppelseitig mit Zähnen bewehrt, zum Schutz gegen Artgenossen, die sich in aggressiver Absicht zu nähern versuchen. Jeder, der einmal die Sperre bei einer Wolfs-Kopulation beobachtet hat, wird zustimmen, daß der Rüde in dieser Phase ein hervorragendes Angriffsziel bietet. Sollte sich ein angriffslustiges dominantes Rudelmitglied auf ihn stürzen, kann er sich kaum wirksam verteidigen, weil sich seine Bewegungen und die der Fähe kaum koordinieren lassen.

Viertens wird behauptet, daß durch die Sperre ein Ausfluß des Samens verhindert werde. Warum die Geschlechtsteile der Hündin so beschaffen sein sollten, daß eine Aufnahme des Spermas nur unter größten Schwierigkeiten möglich ist, hat man allerdings zu erklären versäumt.

Eine weit einleuchtendere Deutung kam erst in neuerer Zeit, seit es Experimente mit der künstlichen Insemination und neue Erkenntnisse über die einzelnen Vorgänge während der Kopulation gibt. Im Gegensatz zum Menschen, bei dem im Verlauf eines Geschlechtsaktes im allgemeinen ein einziger Samenausstoß stattfindet, läßt sich die Ejakulation bei den Caniden in drei klar getrennte Phasen unterteilen. Die erste dauert ca. dreißig bis fünfzig Sekunden; dabei wird eine klarflüssige spermalose Substanz abgesondert. Während der zweiten Phase, die fünfzig bis neunzig Sekunden anhalten kann, ist die abgesonderte Substanz dikker und weiß und enthält rund 1250 Millionen Spermien. In der dritten und letzten Phase erhöht sich die Menge des Ejakulats; es wird aber wieder zu einer klaren, spermalosen Substanz, die für die gesamte Dauer der Sperre aus der Prostata abgesondert wird. Offenbar dient die Verlängerung des Kopulationsaktes dazu, dem Rüden Zeit für die Bereitstellung dieser Substanz zu geben, die durch die Reproduktionskanäle der Hündin gespült wird und das soeben abgelagerte Sperma aktivieren hilft.

Das Rätsel des Blockiereffektes bei der Kopulation scheint damit gelöst zu sein. Die Sperre folgt nicht auf die Ejakulation, sondern begleitet sie. Da die Ejakulationsphase bei uns Menschen nur kurz ist, haben wir uns zu der Annahme verleiten lassen, bei Hunden verhalte es sich genauso. Die Vorstellung, daß ein Hund in der Lage sein sollte, eine halbe Stunde lang zu ejakulieren, mutet fremd an. Es ist sicher nicht leicht zu verstehen, warum der Inseminationsvorgang bei den Caniden so zeitaufwendig und so schwierig ist. Aber geht man einmal davon aus, daß die soeben erwähnten Erkenntnisse gesichert sind, dann hat der Blockiereffekt in der Tat seinen Sinn – nämlich sicherzustellen, daß das Sperma sein Ziel erreicht.

Warum versuchen manche Hunde, sich mit dem Bein des Menschen zu paaren?

So manchen Besucher bringt es in arge Verlegenheit, wenn sich der Hund der Gastgeber plötzlich an sein Bein klammert und kräftige Beckenstöße vollzieht. Warum machen Hunde etwas derart Sinnloses?

Die Antwort ist in der Sozialisierungsphase der Welpen zu suchen, in der sie ihre Identität entdecken und festigen. Diese tritt zwischen der vierten und zwölften Lebenswoche ein, und jeder, der in diesem Zeitraum engen und freundlichen Kontakt mit ihnen hat, wird ihrer Spezies zugeordnet. In dieser entscheidenden Entwicklungsphase werden die Welpen mit zwei Sozialpartnern konfrontiert: mit Artgenossen und Menschen. Das Ergebnis ist, daß sie als »geistige Zwitter« heranwachsen, die zu beiden Spezies eine enge Bindung aufbauen. Sie fühlen sich für den Rest ihres Lebens sowohl in der Gesellschaft des Menschen als auch von Hunden wohl. Die menschlichen Partner sind ihre »Adoptivfamilie«, die ihre Nahrung mit ihnen teilt, unter einem Dach mit ihren lebt, das Territorium mit ihnen bewacht, mit ihnen spielt, versucht, gute Beziehungen zu ihnen aufzubauen, Wert auf die vorgeschriebenen Begrüßungszeremonien legt und im allgemeinen die Rolle des Kameraden dem Hund gegenüber mit großer Hingabe spielt. Die menschliche und canide Gemeinschaft passen vorzüglich zueinander. Nur wenn es um Sex geht, funktioniert sie nicht mehr.

Zum Glück gibt es bei den Caniden einige angeborene Eigenschaften, die dafür sorgen, daß die sexuellen Bedürfnisse unserer Haushunde selten am falschen Objekt abreagiert werden. Da der Mensch für den Hund keinen sonderlich erotisch wirkenden Geruch verbreitet, sieht dieser in ihm einfach ein asexuelles Rudelmitglied und zeigt sich daher wenig interessiert.

Soweit wäre die Welt ja noch in Ordnung, aber leider befinden sich die meisten Rüden — mangels Gelegenheit, ihre Potenz einer läufigen Hündin zu beweisen — in einem Stadium permanenter und wachsender sexueller Frustration, die sogar solche Ausmaße annehmen kann, daß ihnen selbst die Hauskatze begehrenswert erscheint. Nun ist der Rüde an einem Punkt angelangt, an dem er alles besteigt, was nur lange genug stillhält, einschließlich Katzen, männliche Artgenossen, Kissen und Menschenbeine. Menschenbeine sind deshalb so begehrt, weil sie mühelos zu erklimmen sind. Daß er sich mit dem Bein anstelle von geeigneteren Teilen der menschlichen Anatomie begnügt, liegt einfach an der wenig hundeähnlichen Physiognomie des zweitbeinigen Partners. Menschen sind zu voluminös und zu groß, und so bleiben als letzte Rettung aus sexueller Not nur die leichter zugänglichen, unteren menschlichen Extremitäten.

Anstatt die fehlgeleiteten sexuellen Aktivitäten unserer Hunde als Ärgernis zu betrachten, sollten wir lieber Mitleid zeigen. Schließlich haben wir sie ja zum widernatürlichen Zölibat verurteilt. Sie entschlossen, aber sanft zurückzuweisen, ist zumeist ausreichend. Es bedarf keiner harten Strafe, um sie in ihre Schranken zu weisen.

Das oben erwähnte Interesse an der Hauskatze ist keineswegs ein Scherz. Manche sexuell frustrierten Rüden versuchen tatsächlich, sich mit Katzen zu paaren, aber nur dann, wenn beide miteinander aufgewachsen sind und die andere Spezies der eigenen Familie zuordnen. Welpen, die in der Sozialisierungsphase — also während der vierten bis zwölften Lebenswoche — eine enge Beziehung a) zu den Wurfgeschwistern, b) zu der Hauskatze und c) zum Menschen entwickeln, haben eine lebenslange intensive Bindung an alle drei Sozialpartner.

Diese enge Bindung hat allerdings auch ihre Nachteile. Fehlt während dieser kritischen Entwicklungsphase einer der zuvor erwähnten Sozialpartner, haben die Welpen später unter Umständen eine gestörte Beziehung zu ihnen. Das gilt sogar für die eigene Spezies. Wenn ein Welpe von der Mutter getrennt wird, bevor er hören und sehen kann — beispielsweise schon in der ersten Lebenswoche — und isoliert vom Wurf von Menschenhand aufgezogen wird, schließt er sich enger an seine menschliche Familie an. Unter diesen Umständen kann er später eine außerordentliche Scheu gegenüber anderen Hunden entwickeln. Deshalb wäre es ein großer Fehler, die Welpen zu früh aus ihrer natürlichen Familie zu reißen. Wenn die Mutter stirbt und nur ein Junges zurückläßt, sollten die Menschen, die es aufziehen, darauf achten, den Kontakt zu seiner Spezies zu fördern, so daß es sich während der entscheidenden Phase an die eigenen Artgenossen gewöhnen kann.

Wenn ein Welpe in seiner caniden Familie und völlig isoliert von Menschen aufwächst, bis er älter als zwölf Wochen ist, erweist er sich später in den seltensten Fällen den Menschen gegenüber zugänglich und freundlich. Experimente haben gezeigt, daß Welpen, die bis zur vierzehnten Lebenswoche ohne engeren Kontakt mit Menschen auf einer Hundefarm aufgezogen wurden, große Ähnlichkeit mit ihren wilden Vorfahren aufwiesen. Die Vorstellung, daß domestizierte Hunde auf irgendeine Weise genetisch gezähmt sind, ist daher falsch, ebenso wie die Annahme, Wölfe wären barbarischer und unbezähmbarer als Hunde. Ein Wolfswelpe, der schon in einer frühen Entwicklungsphase von Menschen »adoptiert« wird, ist ein so friedlicher und freundlicher Begleiter, daß wohl kaum jemand, der ihn später an der Leine auf seinem Spaziergang erlebt, auf die Idee käme, hier handele es sich um etwas anderes als einen großen Hund. Ein aufgewachsener, zahmer Wolf wurde Berichten zufolge auf der QUEEN ELIZABETH von England mit in die USA genommen und von seinem Herrn als Deutscher Schäferhund deklariert, ohne daß jemand Verdacht schöpfte. Er wurde täglich an Deck spazierengeführt und von den Mitreisenden und der Schiffsbesatzung gestreichelt, die sicher entsetzt gewesen wären, hätten sie seine wahre Idenität geahnt.

Warum schlafen Hunde so gerne auf dem Bett?

Manche Hundebesitzer finden es äußerst lästig, wenn ihre Vierbeiner darum betteln, auf dem Bett schlafen zu dürfen. Kleinere Hunderassen haben mit dieser Taktik gelegentlich Erfolg; handelt es sich aber um ein größeres Exemplar — wie beispielsweise die Dänische Dogge —, wird die Nachgiebigkeit des Herrchens oder Frauchens nicht selten zum Scheidungsgrund. Warum sind Hunde so versessen darauf, in der Nähe ihrer Besitzer zu schlafen?

Die Antwort lautet, daß Hunde in vieler Hinsicht nie über das Welpenalter hinauskommen. Selbst als ausgewachsene Tiere sehen sie in den Menschen noch ihre »Pseudo-Eltern«, und deshalb ist es für sie nur natürlich, die Körperwärme der »Mutter« zu suchen. »Mutter« bedeutet in diesem Zusammenhang nicht, daß es sich unbedingt um eine Frau handeln muß. Wenn der Hund eine engere Beziehung zum Hausherrn entwickelt hat, dient er als »Ersatzmutter« und als begehrtes Kontaktobjekt während des Schlafens. Das kann verständlicherweise zu Spannungen zwischen den Eheleuten und zur Trennung — buchstäblich wie in übertragenem Sinn — führen.

Selbst wenn das Bett als Ruheplatz streng verboten wurde, möchte der Hund so nahe wie möglich bei seiner Familie sein. In freier Wildbahn schlafen die jungen Wölfe, auch wenn sie den Bau bereits verlassen dürfen, dicht beieinander. Nur die vom Rudel ausgestoßenen Tiere legen sich in angemessener Entfernung von ihren Artgenossen nieder. Folglich muß sich der Hund, der nachts von seiner Adoptivfamilie aus dem Schlafzimmer ausgesperrt wird, wie ein Paria vorkommen. Hirten- oder Jagdhunde haben in dieser Beziehung keine Probleme, weil sie in Gesellschaft anderer Tiere sind. Aber für einen Haushund ist es schlichtweg unerklärlich, warum man nachts den Körperkontakt mit ihm meidet. Die meisten Familien einigen sich letztlich auf einen Kompromiß: der Hund darf, um nächtliche Störungen zu vermeiden, so nahe wie möglich neben dem Schlafzimmer übernachten.

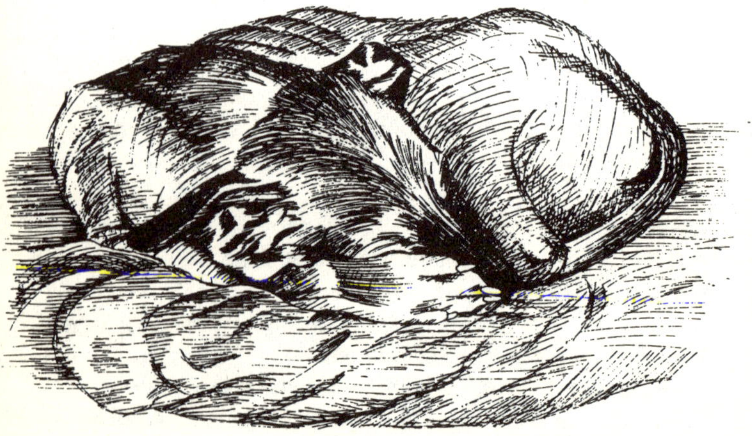

Warum gehorchen manche Hunde so schlecht?

Die meisten domestizierten Hunde haben sich dem Leben in ihrer menschlichen Familie außerordentlich gut angepaßt; es gibt allerdings auch Verhaltensweisen, vor allem bei Rüden, die den Hundehalter stören. Manche Tiere beißen, ohne provoziert worden zu sein, machen ihr »Geschäft« ins Haus oder weigern sich, einem Befehl oder einer Aufforderung Folge zu leisten. Wenn sie an der Leine gehen, führen sie ihren Herrn spazieren, statt umgekehrt. Sie pausieren, wann es ihnen gefällt, und setzen sich erst dann wieder in Bewegung, wenn sie Lust dazu verspüren. Versuchen die entnervten Besitzer, ihre Vierbeiner mit Gewalt weiterzuzerren, widersetzen sie sich mit aller Kraft. Oder sie ignorieren ihren Futternapf und müssen mit besonderen Leckerbissen gelockt werden. Wie entwickeln sich derartige Verhaltensauffälligkeiten?

Die Antwort liegt klar auf der Hand, obwohl die wenigsten Hundebesitzer sie wahrhaben wollen. Tatsache ist, daß man diesen Tieren erlaubt hat, in ihrem »Rudel« die dominierende Rolle zu spielen. Jeder freilebende Wolfsrüde versucht, den Status des Leittiers zu erreichen, und ihre domestizierten Nachfahren sind in dieser Hinsicht keine Ausnahme. Der Mensch hat dem Hund gegenüber einen großen Vorteil: Er ist ihm physisch überlegen. Neigt er jedoch dazu, dem Tier gegenüber allzu nachgiebig zu sein, dann versucht dieses, die Führungsrolle zu übernehmen. Wenn der Hund erkennt, daß er in den meisten Auseinandersetzungen mit seinem Herrn Sieger bleibt, kommt er zu dem Schluß, daß er der Anführer der Gruppe ist. Mit Auseinandersetzungen sind nicht unbedingt rein physische Kämpfe gemeint; eine Konfrontation ist auch dann gegeben, wenn es dem Hund gelingt, seinen Willen gegen den seines Besitzers durchzusetzen. Nach einer Reihe solcher Siege betrachtet sich der Vierbeiner als der Stärkere und verhält sich entsprechend. Das kann u.a. zur Folge haben, daß er innerhalb des Hauses uriniert, um zu demonstrieren, daß es sich hier um sein Territorium handelt, oder bei einem Spaziergang das Tempo und die Richtung bestimmt. Von abnormem Verhalten kann hier keine Rede sein. Es ist ganz natürlich für ein dominantes Tier, bei einer Jagdexpedition die Führung des Rudels zu übernehmen. Deshalb kann es gar nicht verstehen, warum man ihm das Recht verweigert, den Ablauf des Spazierganges festzulegen. Zu seiner Führungsrolle zählt weiterhin, daß er die rangniederen Gruppenmitglieder (in diesem Fall sei-

nen menschlichen Begleiter) vor fremden Angreifern schützt — also auch vor dem Postboten, dem Milchmann oder Besuchern schlechthin.

Manchen Hundetrainern gelingt es, solchen »schwierigen« Hunden ihre störenden Verhaltensweisen durch intensive Dressur abzugewöhnen und damit die Rangordnung wiederherzustellen. Dabei besteht allerdings die Gefahr, daß des Guten zuviel getan wird. Wer allzu großen Wert legt auf Disziplin und Gehorsam, muß damit rechnen, daß sein Hund überängstlich, charakterschwach und zu unterwürfig wird. Wie in nahezu allen Lebensbereichen, so sollte man auch hier den goldenen Mittelweg wählen und für ein Gleichgewicht zwischen einem Maximum an Freiheit und einem Minimum an Disziplinarmaßnahmen sorgen.

Warum haben Hunde Nebenklauen?

Die Nebenklauen sind ein Restbestand der großen Zehen, die die Urahnen unserer Haushunde besaßen. Als sich die Hundeartigen als Läufer zu spezialisieren begannen, wurden ihre Beine länger und die ehemals fünf Zehen an den Pfoten auf vier reduziert. Schon bei wildlebenden Hunden verschwand diese große Zehe an den Hinterpfoten ganz; an den Vorderpfoten blieben sie als verkümmertes Glied erhalten, das allerdings keine Bodenberührung mehr hat.

Aufgrund dieses Merkmals haben Wölfe es zu einer erstaunlichen Laufstärke gebracht: Man schätzt ihre Geschwindigkeit auf ca. 50 bis 60 km pro Stunde über eine Strecke von rund 1 km. Einzelne Sprünge mit einer Weite bis zu viereinhalb Metern wurden schon gemessen. Ihre Ausdauer auf langen Strecken ist ebenso bemerkenswert. Huskies, die den Wolfsahnen noch am ähnlichsten sind, können einen Schlitten 800 Kilometer weit in nur achtzig Stunden ziehen. Die Spezialisierung als Läufer forderte allerdings auch Opfer. Die Caniden büßten ihre Fähigkeiten zu klettern und zu springen weitgehend ein. Die Geschwindigkeitssteigerung und Ausdauer während der Jagd waren — sowohl in tropischen als auch in arktischen Breiten — jedoch ausreichend, um das Überleben der Art weltweit zu sichern.

Deshalb könnte man annehmen, daß die Nebenklauen im Zuge der Entwicklung der Caniden zu »Laufathleten« auf der Strecke geblieben seien. Merkwürdig ist jedoch, daß bei vielen Haushunden der umgekehrte Trend sichtbar wird. Unsere modernen Haushunderassen, die sich in Erscheinungsbild und Verhalten von ihren Urahnen heute weit stärker unterscheiden als beispielsweise Wölfe oder Dingos, müßten dieser Theorie zufolge sämtliche Nebenklauen — also nach den hinteren auch die vorderen — eingebüßt haben. Das ist jedoch nicht der Fall. Im Gegenteil, viele moderne Haushundrassen sind im Besitz aller vier Nebenklauen. Die hinteren sind zwar bei weitem nicht so stabil oder ausgeprägt wie die vorderen — sie bestehen in der Regel nur aus einem Einzelknochen und einer Kralle, die durch einen Hautlappen mit der Pfote verbunden sind —, aber dennoch stellen sie einen Wendepunkt in der Evolution der Caniden dar. Hunderassen mit Nebenklauen an den Hinterläufen — wie verkümmert diese auch sein mögen — stehen den ältesten hündischen Vorfahren zumindest in dieser Hinsicht näher als der Dingo oder der Wolf. Welche Gründe gibt es für diese vorzeitliche Rückentwicklung?

Die Ursache liegt in einem Prozeß, der als Neotenie bezeichnet wird — ein Fortbestand infantiler Charakteristika bei erwachsenen Tieren, der während der zehntausend Jahre kontrollierter Zuchtwahl durch den Menschen ausgebildet wurde. Unsere Haushunde sind in der Tat jungen Wölfen vergleichbar. Sie können sich zwar fortpflanzen, haben aber viele der jugendlichen Verhaltensmuster — wie beispielsweise ihre Verspieltheit oder den Gehorsam gegenüber dem Pseudo-Rudelführer, dem Hundebesitzer — beibehalten. Sie haben auch zahlreiche anatomische Merkmale von Jungtieren beibehalten, z.B. die für manche Rassen so charakteristischen Hängeohren. Die Nebenklauen fallen ebenfalls in diese Kategorie. Der Mensch hat versucht, auf die verschiedensten, immer extremeren Merkmale zu züchten, aber in mancher Hinsicht sind unsere modernen Hunderassen weit primitiver als der hochspezialisierte Wolf, von dem sie alle abstammen. Mit anderen Worten: Als wir den Wolf in einen Hund verwandelten, haben wir die Uhr nicht nur vor-, sondern auch zurückgedreht.

Interessant ist in diesem Zusammenhang, daß viele Hundezüchter instinktiv das Gefühl haben, mit diesen Nebenklauen könne etwas nicht stimmen, und dafür sorgen, daß sie bei den Welpen zwischen dem dritten und sechsten Lebenstag entfernt werden. Sie sind bemüht, diesen — in ihren Augen — »unspezifischen Trend« zu korrigieren. Als Rechtfertigung führen sie an, daß die Nebenklauen ohnehin während des Wachstumsprozesses verkümmern oder abbrechen würden. In Anbetracht der Tatsache, daß diese sich an der Innenseite der Pfoten und über dem Boden befinden, ist dieses Argument nicht stichhaltig und wohl nur eine läppische Ausrede; aber der vielleicht unbewußte Drang des Menschen, die Hundeläufe zu »verfeinern«, scheint stärker als die Logik zu sein. (Es gibt natürlich auch Ausnahmen: Bei bestimmten Hunderassen, wie beispielsweise den Briards (französische Hirtenhunde) oder den Pyrenäischen Berghunden werden die hinteren Nebenklauen, dem Zuchtstandard entsprechend, absichtlich erhalten.)

Warum jagen manche Hunde ihrem eigenen Schwanz nach?

Manchmal kann man beobachten, daß sich Hunde immer wieder schnell im Kreis herumdrehen und ihrem eigenen Schwanz nachjagen. Sie schnappen danach und wirbeln dabei manchmal so lange im Kreis herum, daß ihnen schwindlig wird und sie die Orientierung verlieren. In den Augen eines menschlichen Beobachters nimmt das anfangs noch amüsante Herumtollen allmählich besorgniserregende Züge an. Es wirkt nach geraumer Zeit eher wie eine stereotype, abnorme Verhaltensweise und nicht mehr wie ein intensives Ausleben des Spieltriebes. Leider kommt man mit dieser Definition der Wahrheit ziemlich nahe: Hunde, die wiederholt Jagd auf ihren eigenen Schwanz machen, werden im allgemeinen unter unnatürlichen, langweiligen Umständen gehalten.

Hunde sind kontaktfreudige, bindungsbedürftige und neugierige Wesen. Wenn sie zu selten in Gesellschaft von Menschen oder Artgenossen sein dürfen oder in einer reizarmen, monotonen Umwelt aufwachsen, leiden sie und entwickeln Neurosen. Die wohl schlimmste Strafe besteht für einen Hund darin, in einem engen Raum eingesperrt zu sein, in dem sich absolut nichts verändert. Das passiert Haushunden allerdings selten, es sei denn, sie hatten Pech, einem äußerst grausamen Besitzer in die Hände zu fallen. Aber wilden Hunden in Zoologischen Gärten bleibt dieses traurige Schicksal oft nicht erspart: Sie werden in engen, kleinen, kahlen Käfigen gehalten und zu einer widernatürlichen solitären Existenz und lebenslänglicher Gefangenschaft verdammt. Studien haben gezeigt, daß diese Tiere vielfältige »Tricks« und Verhaltensauffälligkeiten entwickeln: Sie neigen zur Selbstverstümmelung, knabbern Klauen oder Schwanz an, verrenken den Hals, laufen ständig auf und ab und zeigen die verschiedensten zwanghaften Verhaltensweisen. Manchmal sind diese Störungen so ausgeprägt, daß sich die Tiere wiederholt tiefe Bisse, schmerzhafte und schwer heilende Wunden an den Flanken oder am Schwanz zufügen.

Diese Form der Selbstverstümmelung wirkt auf uns Menschen vielleicht abstoßend, aber der Hund erreicht damit, daß die schier unerträgliche Langeweile durchbrochen wird. Dem Schwanz nachzujagen ist eine abgeschwächte, milde Form von Verhaltensstörung.

Sie tritt oft bei Welpen auf, nachdem sie gerade von Mutter und Wurfgeschwistern getrennt wurden. In der neuen Umgebung fehlen all die spielerischen Aktivitäten und Interaktionen, die im Wurf selbstverständlich waren, und daher sieht sich ein Junges gezwungen, einen Ersatz für diese Stimulantien zu suchen. Wenn die menschliche Familie sein Spielbedürfnis nicht erfüllt, bleibt nur noch der Schwanz als Objekt. Solange die Jagd nach dem Schwanz nicht zwanghaft wird, ist nichts dagegen einzuwenden. Viele einsame Welpen nehmen eine Weile lang mit diesem Ersatzobjekt vorlieb. Nur wenn sie die Gewohnheit bis ins Erwachsenenalter nicht ablegen, ist sie ein Signal, daß der Hund eine andere Umgebung, verstärkte soziale Interaktionen oder eine Befriedigung seiner Abenteuerlust braucht. Normalerweise läßt sich der Mangel dadurch beheben, daß man diesem Aspekt des Hundelebens eben wesentlich mehr Beachtung schenkt.

Es gibt eine Ausnahme von dieser Regel, nämlich Hunde, die unter Parasitenbefall oder anhaltenden Infektionen in der Schwanzregion leiden, verursacht z. B. durch geschwollene Analdrüsen oder einen schlecht kupierten Schwanz. Aber in solchen Fällen treten wahrscheinlich andere, eindeutige Anzeichen auf, wie etwa das Über-den-Boden-Schleifen oder das Zerbeißen des Schwanzes.

Warum haben manche Hunderassen so kurze Beine?

Dafür gibt es zwei Gründe: Zum einen brauchte der Mensch Hunde mit kurzen Beinen, die klein genug waren, um die Beute in unterirdischen Bauen zu stellen. Ein klassisches Beispiel ist der Dackel, der vor allem in Deutschland als Jagdhund beliebt war. Auch bei verschiedenen Terrierarten legte man Wert darauf, die Beine durch selektive Zuchtwahl kurzzuhalten und den niedrigen Tunnelbauten der Jagdbeute anzupassen.

Bei anderen Rassen, wie beispielsweise den aus dem Orient stammenden Pekinesen, ist die genetisch bedingte Verkürzung der Beine Teil des angezüchteten Kindchenschemas. Da sie häufig als Kindersatz fungieren, hat man ihnen mit der Beinverkürzung den typischen unbeholfenen Watschelgang eines Kleinkindes verliehen, das sich mit großem

Ernst auf das mühevolle Abenteuer konzentriert, von A nach B zu gelangen.

Kurzbeinige Rassen — selbst wenn sie ursprünglich als Jagdbegleiter gezüchtet wurden — üben eine besondere Anziehungskraft auf den Menschen aus. Aus diesem Grund sind beispielsweise auch die Terrier oder Dackel heute ungeheuer beliebt, auch wenn sie als Nutzhunde gehalten werden. Trotz ihres genetischen Defektes in bezug auf die Laufschnelligkeit zeigen sie den gleichen Kampfgeist und die gleiche überschäumende Lebensfreude wie jede große Hunderasse. Sie haben ihre Körpergröße eingebüßt, nicht aber ihre Energie und Entschlossenheit. Eben diese Kombination aus Kindchenschema und Charaktermerkmalen, die man bei erwachsenen Hunden findet, macht sie bei uns Menschen so beliebt.

Warum sind manche Hunderassen so klein?

Kleine Hunde, gleich welcher Rasse, sind heute so beliebt, weil sie den idealen Kinderersatz darstellen. Größere werden als Begleiter auf langen Spaziergängen bevorzugt oder spielen die Rolle des folgsamen Untergebenen: Sie hören, ohne aufzubegehren, auf Kommandos wie »Platz«, »Sitz« oder »Such«. Bei ihnen ist das sogenannte Kindchenschema weit weniger ausgeprägt. Sie mögen in bezug auf ihre Spielfreudigkeit und ihr Zuneigungsbedürfnis Jungtieren gleichen, aber sie sind keine Hundebabys. Um bei ihren Besitzern »mütterliche« Gefühle auszulösen, brauchen Hunde eine Reihe von spezifischen Signalen, die von kleinwüchsigen Rassen intensiver ausgesendet werden.

Um dieses Kindchenschema zu verstehen, muß man sich die Eigenschaften eines menschlichen Babys ins Gedächtnis rufen, die einen auslösenden Reiz darstellen. Zunächst hat ein Baby nur einen Bruchteil des Gewichtes von Erwachsenen: bei der Geburt wiegt es durchschnittlich drei bis dreieinhalb Kilo, mit rund fünf Monaten sechs bis sieben Kilo und mit einem Jahr ca. zwanzig Kilo. Aufgrund seines geringen Gewichtes und seiner Größe kann man es ohne Anstrengung auf den Arm nehmen, herumtragen und bemuttern. Sein Körper ist weicher und rundlicher als der eines Erwachsenen, die Stimmlage höher, und die Augen wirken flacher und überproportional groß.

Bei kleinwüchsigen Hunderassen finden sich viele, zum Teil — wie z.B. bei den Pekinesen — all diese Kriterien wieder. Gemessen am Körpergewicht lassen sich die verschiedenen Zwerghundrassen in drei Kategorien einteilen:

1. Hunde mit dem Gewicht eines neugeborenen Kindes: Chihuahua (2 Kilo), Malteser (2.5 Kilo), Spitz (3 Kilo), Yorkshire Terrier (3.5 Kilo) und Rauhhaardackel (4.5 Kilo).
2. Hunde mit dem Gewicht eines fünf Monate alten Babys: Pekinese (6 Kilo), Shih Tzu (7 Kilo), Spaniel (7.5 Kilo) und Zwergpudel (8 Kilo).
3. Hunde mit dem Gewicht eines zwölf Monate alten Babys: Dackel (10 Kilo) und Waliser (11 Kilo).

Solche Zwergrassen sind für die menschlichen »Eltern« der ideale Kindersatz. Sie haben zudem die typisch babyhaft runden Formen und langes, weiches Fell, das zum Streicheln einlädt. Fast alle Zwergrassen sind flachgesichtig und wurden teilweise gezielt auf Merkmale gezüchtet, die dem Profil eines menschlichen Babys ähneln, wie z.B. Rauhhaardackel, Zwergpudel und Pekinese. Manche haben die riesigen, leicht

vorstehenden Augen, die für Neugeborene so typisch sind. Die meisten besitzen aufgrund ihrer Kleinwüchsigkeit eine höhere Stimme als große Rassen.

All diese Merkmale der Zwerghundrassen haben Signalwirkung und lösen beim Menschen starke Beschützerinstinkte und liebevolle Zuneigung aus. Ich möchte diese Form der Bindung keineswegs kritisieren. Manche Experten runzeln die Stirn darüber; sie sind der Überzeugung, der Mensch sollte seine Liebesfähigkeit ausschließlich innerhalb der eigenen Spezies unter Beweis stellen und nicht an Artfremde »vergeuden«. Es hat sich allerdings gezeigt, daß die wenigsten, die diese Ansicht vertreten, gute Eltern sind. Vermutlich ist ihre Einstellung auf unterschwellige Schuldgefühle zurückzuführen. Menschen, die ihren kleinwüchsigen Hunden große Zuneigung entgegenbringen, sind normalerweise auch ihren eigenen Kindern gute Eltern oder suchen, weil sie selbst keinen Nachwuchs haben, ein Wesen, das sie liebt und braucht. Die starke emotionale Bindung ist keineswegs als etwas Negatives zu werten, sondern für beide Partner — Mensch und Hund — erfüllend.

Manche Zwerghundrassen waren von Anfang an mehr oder weniger als Spielzeughunde gedacht, bei anderen sind die Proportionen aus unterschiedlichen Gründen verkleinert worden. Terrier sind, wie der Name schon sagt, »erdnah« und wurden aufgrund ihres Körperbaus ursprünglich beim Aufspüren und Ausgraben von Schädlingen eingesetzt. Kleinwüchsigkeit war dafür wesentlich, und der ideale Terrier, hieß es, war ein Hund, der sich »wie wild in einen Bau stürzte«. Erst später avancierte dieser »Schwerarbeiter« zum Schoßhund, der aufgrund des vom Menschen initiierten Schrumpfungsprozesses ganz anders gearteten Ansprüchen gerecht werden muß.

Warum haben manche Rassen Hängeohren?

Wildlebende Hunde haben nur, wenn sie noch sehr jung sind, Hängeohren. Bei unseren domestizierten Hunden stellen sie ein kindliches Merkmal dar, das sich bis ins Erwachsenenalter erhalten hat und ein weiterer Beweis für die

Schlüssigkeit der These vom künstlich junggehaltenenen Wolfsjungen ist. Zahlreiche Hunderassen besitzen ähnlich spitze Stehohren wie die Wölfe; deshalb müssen Hängeohren nicht zwangsläufig eine Folge des Domestikationsprozesses sein. Warum wurden dann aber die Hängeohren bei so vielen modernen Haushundrassen beibehalten?

Auf diese Frage gibt es drei Antworten: Erstens, Hängeohren beeinträchtigen die Fähigkeit, Geräusche auf große Distanz genau zu lokalisieren. Stehohrige Rassen benutzen ihre hochaufgerichteten Ohren wie eine Art Detektor, mit dem sich noch aus weiter Entfernung das leiseste Rascheln oder Murmeln orten läßt. Rassen mit Hängeohren hören zwar noch extrem gut, zeigen aber beim Aufspüren akustischer Signale bei weitem nicht denselben verblüffenden Gehörsinn. Manche Experten haben behauptet, daß der Mensch bei bestimmten Jagdhundrassen bewußt auf Sicht und Geruchssinn gezüchtet und das Hörvermögen geschwächt habe, damit die Tiere nicht durch entfernte Geräusche abgelenkt würden. Als charakteristisches Beispiel wird der Bluthund genannt, dessen ausgeprägtes Geruchsvermögen sprichwörtlich ist.

Eine weitere, für den Menschen recht anziehende Eigenschaft der Hängeohren besteht darin, daß sie dem Träger ein unterwürfiges, demutsvolles Aussehen verleihen. Die meisten von uns haben schon einmal beobachtet, daß angriffslustige Hunde die Ohren hoch aufstellen, während ein submissives Tier sie flach an den Kopf legt, als Zeichen seines untergeordneten Status. Selbst wenn die Unterschiede in der Ohrenhaltung bisher noch nicht vollständig erforscht sind, liegt doch die Vermutung nahe, daß ein Hund mit Hängeohren weniger aggressiv ist als einer mit hoch aufgerichteten Ohren. Drittens verleihen Hängeohren ihren vierbeinigen Trägern ein eher menschenähliches Aussehen. Der Mensch hat keine spitzen, weit über dem Kopf hervorstehende Ohren, sondern Haare, die seitlich am Kopf herunterhängen.

Lange Hängeohren wirken daher wie eine menschliche Lokkenfrisur. Hunderassen mit einem langen, seidigen Fell, wie beispielsweise die Afghanen, sind aufgrund dieser optischen Ähnlichkeit mit dem Menschen besonders beliebt.

Warum wird bei manchen Hunderassen der Schwanz kupiert?

Die Tatsache, daß so viele Hundebesitzer trotz wachsender Kritik der Tierfreunde und Tierschützer bei ihren Vierbeinern noch im Welpenalter den Schwanz kupieren lassen, bedarf einer Erklärung. Wer hat diese seltsame Form der Verstümmelung eingeführt, und warum erscheint sie erforderlich oder wünschenswert?

Zunächst einmal sollte man erklären, was das Kupieren überhaupt bedeutet. Man versteht darunter die chirurgische Entfernung des gesamten Schwanzes oder eines Teils davon. Der Eingriff wird normalerweise am vierten Lebenstag der Welpen mit einer scharfen Schere vorgenommen. Die Haut wird vorher oberhalb der Schnittstelle straff nach hinten gezogen, so daß die überschüssige Haut nach der Operation den Stumpf bedeckt. Dadurch wird die Blutung verringert und der Heilungsprozeß beschleunigt. Die Hundemutter wird bei dem Eingriff von den Jungen getrennt, damit sie das klägliche Winseln und Fiepen nicht hört. Nach dem Kupieren kehren die Welpen zur Mutter zurück, die ihnen den Schwanzstumpf leckt und sie sogleich zu säugen beginnt. In seltenen Fällen sterben die Welpen am Schock oder durch Verbluten; die meisten überstehen die Prozedur aber ohne Schäden und nehmen ihren gewohnten Lebensrhythmus bald wieder auf.

In Großbritannien werden schätzungsweise immer noch rund 50 000 Welpen pro Jahr kupiert, trotz des Protestes der RSPCA der *Royal Society for the Prevention of Cruelty to Animals* – des Britischen Tierschutzbundes, der eine Kampagne eingeleitet hat mit dem Ziel, die Operation für ungesetzlich zu erklären; des *Council of the Royal College of Veterinary Surgeons* (des Interessenverbands der Tiermedizinischen Fakultät), der das Kupieren als »unsinnige Verstümmelung« deklariert hat; und des Europarates, der chirurgische Eingriffe an Hunden, die nicht Heilzwecken dienen, verbietet; sowie auch der Britischen Regierung, die den Standpunkt des Europarates teilt. Sie alle bilden eine starke Lobby für die mehr als vierzig betroffenen Hunderassen, vom riesigen Englischen Hirtenhund bis zum winzigen Yorkshire Terrier.

Die Hundezüchter, die für die Beibehaltung dieser »barbarischen Sitte« — wie man das Kupieren schon im Jahre 1802 bezeichnete — plädieren, berufen sich vor allem auf

die Zuchtregeln. Tiere, deren Schwanz nicht kupiert wurde, hätten keine Chancen, Zuchtchampions zu werden und seien daher wertlos, heißt es. Unter dem zunehmenden Druck der Öffentlichkeit hat sich ein Mitglied des Britischen Züchterverbandes kürzlich das Zugeständnis abgerungen, daß die Frage des Kupierens eine persönliche und freiwillige Entscheidung sei und kein Hund trotz des Zuchtstandards dafür Strafpunkte bekommen dürfe, daß sein Schwanz im natürlichen Zustand belassen sei. Das Argument, der kupierte Schwanz sei als modisches Schönheits- oder Zuchtmerkmal unerläßlich, findet selbst bei den Experten der Hundeausstellungen kaum mehr Resonanz. Die Züchter, die das Kupieren hartnäckig befürworten, befinden sich heute in der Minderheit. In ihrer Verzweiflung, den Ritus zu rechtfertigen, haben sie selbst vor den unsinnigsten Argumenten nicht haltgemacht: Während einer öffentlichen Anhörung wurde beispielsweise von zwei Züchtern die Behauptung aufgestellt, durch das Kupieren würden spätere, durch Kämpfe verursachte Verletzungen und Schäden in der Schwanzregion verhindert. Das ist genauso unlogisch, wie dafür zu plädieren, einem Menschen die Füße zu amputieren, damit er nicht über seine großen Zehen fällt.

Ebenso an den Haaren herbeigezogen, dennoch mit Nachdruck und Ernst vorgebracht worden, ist die Behauptung, daß verschiedene Gebrauchshunde mit spezifischen Funktionen — wie beispielsweise Jagdhunde — sich ihren Schwanz verletzen könnten, wenn sie durch das Gehölz streifen. Veterinärmediziner haben diese Stellungnahme als »blanken Unfug« abgestempelt und damit eine aufgeklärte Gesinnung bewiesen, denn dieses Argument hat eine lange Geschichte. Früher, als unsere Hunde ihren »Lebensunterhalt« noch weitgehend durch Arbeit »verdienen« mußten, hat man tatsächlich angenommen, ein Schwanzstummel sei für das Tier nur von Vorteil. Terriern, die zu den am häufigsten kupierten Rassen gehören, wollte man damals beim

Einsatz zur Schädlingsbekämpfung schmerzhafte Rattenbisse ersparen. Auch diese Begründung entstammt, wie viele andere, dem Reich der Fantasie, konnte sich aber dennoch über einen langen Zeitraum halten.

Da Nutzhunde — im Gegensatz zu Hunderassen, die man zu sportlichen Zwecken eingesetzt hat — zeitweilig nicht besteuert wurden, mußte so manch unglückliches Tier aus fiskalischen Gründen seinen Schwanz opfern. Damals gab es in den meisten ländlichen Gebieten sogar einen dorfeigenen Kupierer, der gegen ein geringes Entgelt den Welpenschwanz mit seinen Zähnen abbiß.

Heute ist kaum mehr feststellbar, wer zuerst auf die reichlich exzentrische Idee kam, Hunden den Schwanz zu amputieren. In den meisten Berichten, die sich mit diesem Thema befassen, heißt es, die wahren Ursprünge »verlören sich im Dunkel der Geschichte«. Das ist jedoch zum Glück nicht der Fall. Als man nach dem ältesten Hundebuch der Welt suchte, hat man entdeckt, daß sein Verfasser ein römischer Agronom namens Columella war, der Mitte des ersten vorchristlichen Jahrhunderts lebte. Er empfahl darin, vierzig Tage alten Welpen den Schwanz abzubeißen und die Sehnen herauszuziehen, um sie vor Tollwut zu schützen. Diese Vorsichtsmaßnahme beruhte auf der falschen Vorstellung, daß Tollwut durch im Hund angesiedelte Würmer verursacht würde. Wenn einem Hund ein Stück Schwanz abgebissen wurde, sahen die freigelegten Sehnen wie ein Bündel weißer, glänzender Würmer aus. Diese äußerst verdächtig aussehenden Sehnen waren schuld daran, daß in späteren Jahrhunderten Millionen von Welpen den Schwanz einbüßten. Im Verlauf der Zeit fand man immer neue Rechtfertigungen, die mehr oder weniger überflüssig waren, weil sich zu diesem Zeitpunkt die Praxis des Kupierens bereits eingebürgert hatte. Wie so viele überlieferte Sitten und Gebräuche blieb dieser Ritus auch noch erhalten, als der ursprüngliche Sinn schon lange in Vergessenheit geraten war.

Die Nachteile des Kupierens sind offensichtlich. Unsere Hunde werden dadurch eines ihrer wichtigsten caniden Kommunikationsmittels beraubt. In Anbetracht dieser grausamen und sinnlosen Prozedur ist es mehr als berechtigt, daß man heute mit allen zur Verfügung stehenden Mitteln versucht, diesen auf einem Irrglauben basierenden Ritus, der im Alten Rom seinen Anfang nahm, abzuschaffen.

Wie erklärt sich das unterschiedliche Verhalten von Hunden gegenüber fremden Besuchern?

Hunde sind einem Fremden gegenüber, der sich dem Territorium ihres Besitzers nähert, im allgemeinen mißtrauisch und empfangen ihn mit ohrenbetäubendem Gebell und hektischem Beschnüffeln. Manche Besucher verstehen es, die erregten Tiere zu beruhigen; anderen scheint diese Gabe zu fehlen. Der Hund zeigt sich weiterhin aggressiv und schnappt oder beißt sogar zu. Wie läßt sich dieses unterschiedliche Verhalten erklären?

Ursache ist in erster Linie der jeweilige Bewegungsablauf des Besuchers. Manche Menschen verfügen über natürliche, fließende und gemessene Körperbewegungen, andere reagieren auf den Anblick eines wütenden Hundes mit hektischen und sprunghaften Bewegungen. Dadurch reizen sie den Hund, eine Drohhaltung einzunehmen, denn in der Sprache der Caniden sind dies Signale, die Aggressivität oder höchste Anspannung des Gegners verraten.

Wenn dieser nervöse, unruhig wirkende Besucher auch noch Angst hat vor Hunden, wird die Situation noch schlimmer, denn dann läßt er sich leicht zu Rückzugsbewegungen verleiten, die beim Hund automatisch ein Offensivdrohen und möglicherweise sogar einen Angriff auslösen. Vor einem bellenden, wütenden Hund zurückzuweichen oder die Flucht zu ergreifen, hat unweigerlich zur Folge, daß sich der Vierbeiner überlegen fühlt und entsprechend reagiert.

Im Gegensatz dazu versteht es der Besucher, der mit Hunden gut auskommt, dessen Begrüßung angemessen zu erwidern, nähert sich ihm, anstatt Fersengeld zu geben, und versucht vorsichtig, Körperkontakt mit ihm herzustellen. Das bellende, wutschnaubende »Monster« kann sich innerhalb von Sekunden in ein schwanzwedelndes »Ein-Mann-Begrüßungskomitee« verwandeln, das sich nach Beendigung der Zeremonie entspannt und dem Gast Zutritt in sein Reich gewährt. Diese Verhaltensänderung ist aber nur zu erwarten, wenn ein Hund bellt oder hochspringt und mit dem Schwanz wedelt. Wenn er statt dessen regungslos in der Tür steht, knurrt oder Grollaute von sich gibt und den Besucher starr fixiert, sollte dieser möglichst keine Bewegung machen — weder vorwärts- noch rückwärtsgehen —, in der Hoffnung, daß ihn der Besitzer bald aus seiner Zwangslage befreit. Bei diesem Tier ist die Aggressionsschwelle so niedrig, daß es gefährlich werden könnte, Signale gleich welcher Art zu ge-

ben. Absolute Reglosigkeit ist in diesem Fall die beste Möglichkeit, die visuelle Reizwirkung auf den Hund zu verringern. Wenn Sie ganz allein und über die Stimmungslage des Hundes im unklaren sind, sollten Sie versuchen, mit hoher Stimme wie ein Welpe zu fiepen oder zu winseln. Dadurch regt sich zumeist der Beschützerinstinkt des Tieres, das sein Territorium zu verteidigen sucht. Es gibt allerdings keine Garantie, daß diese Taktik Erfolg hat, denn Sie sind Mitglied eines fremden Rudels und daher nicht vertrauenswürdig. Zum Glück kommen solche feindseligen Begrüßungsrituale selten vor, es sei denn, das Tier wurde als Wachhund ausgebildet und darauf dressiert, Eindringlinge anzugreifen. Die meisten Hunde beschränken sich auf wütendes Gekläff und Hochspringen. Sie sind trotzdem ein Alptraum für die Besucher, die wenig Erfahrung im Umgang mit Hunden haben.

Haben Hunde einen sechsten Sinn?

Ja, aber vielleicht nicht in der Art und Weise, wie wir es uns im allgemeinen vorstellen. Es gibt nichts Übernatürliches an der caniden Sensibilität. Sie läßt sich zweifellos auf biologische Mechanismen zurückführen, obwohl man zugeben muß, daß wir gerade erst im Begriff sind, einige ihrer Elemente zu verstehen.

Es ist bekannt, daß Hunde über große Entfernungen hinweg den Weg nach Hause finden, selbst wenn sie dabei eine Gegend passieren, die ihnen unbekannt ist. Diese außergewöhnliche Fähigkeit besitzen auch Katzen und andere Tierarten. Sie scheint daher zu rühren, daß diese Spezies noch die geringsten Veränderungen im Magnetfeld der Erde wahrnehmen. Man hat in Experimenten versucht, diese außergewöhnliche Fähigkeit durch Manipulation mit künstlich erzeugten Magnetfeldern zu beeinträchtigen; daher wissen wir, daß es sich nicht um eine Fiktion handelt. Unbekannt ist jedoch, wie der Körper diesen erstaunlichen Orientierungssinn erwirbt oder entwickelt, von dem in so vielen — auch objektiven, wissenschaftlichen — Berichten die Rede ist.

Hunde spüren z. B. auch, wenn sich ein Erdbeben oder ein Gewitter ankündigt. Unmittelbar vor dem Einsetzen eines Unwetters gerät der Hund in höchste Erregung und beginnt, ruhelos im Haus auf- und abzulaufen, zu winseln oder am ganzen Körper zu zittern, als ob er Schmerzen hätte. Sobald er das noch entfernte Donnergrollen vernimmt — normalerweise eine Weile bevor das Unwetter tatsächlich losbricht —, steigert sich seine Erregung noch. Diese Feinfühligkeit ist eine Reaktion auf eine subtile Veränderung des Luftdrucks und — möglicherweise — des elektrostatischen Umfeldes. Heute scheint diese Vorahnung wenig Bedeutung zu haben, aber die wilden Urahnen unserer Haushunde profitierten erheblich von den klimatischen Signalen. Wölfe suchen mit großer Sorgfalt den Standort für ihre Höhlen und Baue aus. Sie entstehen im allgemeinen am Hang eines hügeligen Geländes, wo das Wasser gut abfließen kann. Dennoch stellen die herabstürzenden Regenmassen für den Wurf eine echte und unter Umständen tödliche Gefahr dar. Möglicherweise laufen unsere Hunde deshalb bei einem einsetzenden Gewitter so unruhig im Haus umher; sie verfügen noch über Reste jenes uralten Wolfs-Instinktes, der ihnen sagt, daß sie ihren Wurf vor dem drohenden Unheil in Sicherheit bringen müssen.

Es gibt Hundehalter, die behaupten, ihr Vierbeiner habe »einen Geist gesehen«. Während eines Spazierganges an einem Sommerabend sei der Hund beim Überqueren eines freien Feldes plötzlich mit leerem Blick und gesträubten Schulter- und Nackenhaaren erstarrt stehengeblieben. Er habe zu knurren oder sogar zu winseln begonnen und sich geweigert, auch nur einen Schritt vorwärts zu gehen. Genauso plötzlich wie sie aufgetreten sei, wäre die Starre gewichen und der Spaziergang konnte fortgesetzt werden. Wer je Zeuge eines solchen unheimlichen Vorganges war, kann die Reaktion des Vierbeiners nur schwer vergessen, und es gibt dafür nur eine Erklärung: Der Hund hat »einen Geist gesehen«. In Wirklichkeit hat dieser vermutlich eine starke, seltene Duftmarkierung entdeckt, z.B. von einem Fuchs oder Iltis. Die Erregung, die dieser fremde und intensive Geruch ausgelöst hat, erklärt die merkwürdige Erstarrung, mit der der Hund auf das olfaktorische Signal reagiert.

Eine der wohl erstaunlichsten Theorien im Zusammenhang mit dem »sechsten Sinn« des Hundes wurde erst kürzlich publik: Man glaubt, Infrarot-Detektoren in der Hundenase entdeckt zu haben. Dadurch ließen sich so manche der rassespezifischen Fähigkeiten erklären, die man früher noch für übernatürlich hielt. Bernhardiner sollen, Berichten zufolge, in der Lage sein, durch Schnüffeln im Schnee festzustellen, ob ein Lawinenopfer noch lebt. Die Theorie, daß die Hundenase mit Wärmedetektoren ausgestattet ist, scheint gar nicht so weit hergeholt zu sein. Es ist ja schon seit langem bekannt, daß bestimmte Schlangenarten eine kleine grubenartige Vertiefung zwischen Augen und Nasenloch haben, in der sich Sensoren befinden, mit denen sie auch über weite Entfernungen noch die Wärmespuren und die zusätzliche Infrarotstrahlung von warmblütigen kleinen Beutetieren orten können. Die Tatsache, daß es im Tierreich überhaupt derartige »Präzisionsinstrumente« gibt, spricht für die Theorie, daß auch Hunde darüber verfügen.

Warum hat man früher geglaubt, daß ein Mensch stirbt, wenn ein Hund heult?

Der Aberglaube, daß Tod oder Verderben drohen, wenn ein Hund heult, stammt aus Urzeiten. Man sagte damals dem Hund übersinnliche Kräfte nach, die ihn befähigten, in die Zukunft zu blicken, vor allem Katastrophen vorauszusehen. Trotz dieses Aberglaubens wurde das Tier nicht für die eingetroffenen Ereignisse verantwortlich gemacht oder auf-

grund seiner Rolle als Unglücksbote für »verhext« erklärt und bestraft. Er war und blieb der beste Freund des Menschen, der seinen Besitzer vor einer drohenden Gefahr zu warnen versuchte.

Die Experten lehnen diesen Aberglauben ab, sind aber seit langem bemüht, eine Erklärung für dieses merkwürdige Heulen zu finden. Es wurde zeitweilig behauptet, ein heulender Hund sei von Tollwut befallen. Ein tollwütiger Hund winselt und heult in der Tat und gibt Laute von sich, die unheimlich klingen. Wenn der Hund, dieser Theorie zufolge, seinen Besitzer mit Tollwut angesteckt hatte und dieser kurz darauf starb, brachte die Umwelt seinen Tod verständlicherweise in Zusammenhang mit dem Verhalten des Hundes. Es ist daher kein Wunder, daß in der Zeit, bevor man entdeckte, wie Infektionskrankheiten übertragen wurden, das Hundeheulen als böses Omen oder Todesankündigung betrachtet wurde.

Was bedeutet die englische Redewendung, »Einen Kater mit einem Hundehaar zu kurieren«?

Viele Menschen glauben, daß man am Morgen nach einer durchzechten Nacht seinen Kater mit dem Getränk kurieren sollte, von dem man vorher zuviel genossen hat. Im englischen Sprachgebrauch gibt es dafür den Ausdruck »Den Kater mit einem Hundehaar kurieren« (was in etwa dem deutschen Sprichwort »Den Teufel mit dem Beelzebub austreiben« entspricht). Die trügerische Idee, ein Leiden mit dem gleichen Mittel zu lindern, das es verursacht hat, ist uralt und hat schon in einer der frühesten Behandlungsformen gegen Hundebisse ihren Niederschlag gefunden. In einem Buch aus dem 18. Jahrhundert über »Die Heilung von Tollwut« empfiehlt der Verfasser, »... ein Hundehaar auf die Bißwunde aufzulegen«. Man glaubte damals fest daran, damit den Heilungsprozeß zu beschleunigen. Heute ist es mehr als fraglich, ob jemand, der unter einem Kater leidet, tatsächlich glaubt, daß das »Haar des Hundes, der ihn gebissen hat«, mehr bewirkt, als die Symptome zu lindern.

Woher stammt die Bezeichnung »Hot Dog«?

Daß der »Hot Dog« seinen Namen dem Umstand verdankt, daß man für dieses Gericht angeblich Hundefleisch verwendete, ist nur ein Gerücht, das allerdings zunächst den Hot-Dog-Umsatz erheblich geschmälert hat. Der Hot Dog gilt als Erfindung eines Amerikaners namens Harry M. Stevens. Er sorgte zur Zeit der Jahrhundertwende in einem New Yorker Stadion für das leibliche Wohl der Besucher, die in Scharen herbeiströmten, um dem Spiel des berühmten Football-Teams »New York Giants« beizuwohnen. Damals waren heiße Frankfurter Würstchen der große Renner, aber sie ließen sich nur schwer auf den Tribünen servieren und essen. Stevens hatte die geniale Idee, sie in länglich geformte, heiße Brötchen zu verpacken, und von Verkäufern anbieten zu lassen, die mit Bauchläden durch die Reihen gingen. Er nannte sie zunächst »Red-Hots« (= scharfe rote Heißmach-Würstchen), weil die frisch zubereiteten heißen Frankfurter und Brötchen mit einer scharfen Senfpaste serviert wurden. 1903 erschien eine Zeichnung des berühmten Sport-Cartoonisten Tad (T. A. Dorgan), die einen Dackel zwischen zwei Brötchenhälften zeigte — eine Anspielung darauf, daß Dackel sowie Frankfurter lang und rötlich waren und aus Deutschland stammten. Daraus entstand der Name »Hot Dog«, der sich innerhalb kürzester Zeit einbürgerte. Leider erwies sich diese Namensgebung als Bumerang, denn nun tauchte plötzlich das Gerücht auf, daß Hot Dogs tatsächlich aus Hundefleisch zubereitet würden, was prompt zu rückläufigen Umsätzen führte. Die Situation nahm so bedrohliche Ausmaße an, daß die New Yorker Handelskammer sich bemüßigt fühlte, eine offizielle Erklärung abzugeben und den Namen »Hot Dog« von nun an aus der Produktwerbung zu verbannen. Aber ein origineller Name läßt sich nicht ersatzlos streichen, und so blieb er im allgemeinen Sprachgebrauch erhalten. Heute wird er weltweit verstanden.

Warum sprechen wir von Hundstagen?

Die Hundstage fallen in die größte Hitzeperiode des Sommers. Sie dauern vom 3. Juli bis zum 11. August, wenn die Schwüle schier unerträglich wird und die Luft zu stehen scheint. Viele Leute wundern sich, warum man die Zeit der höchsten Jahrestemperaturen gerade mit Hunden in Verbindung gebracht hat. Diese Assoziation geht auf die Antike zurück: Damals glaubte man, daß Sirius, der Hundsstern, für die extreme Hitze verantwortlich sei. Obwohl diese Gedankenverbindung natürlich unsinnig ist, weil die Entfernung zwischen Sirius und Erde 540 000mal größer ist als zwischen Erde und Sonne, ahnten die Römer jedoch, welch ungeheure Temperaturen sich im Zentrum des Hundssterns entwickeln. Heute weiß man, daß dort Temperaturen bis zu 30 Millionen Grad Celsius herrschen – ungefähr doppelt so hoch wie im Innern der Sonne.

Da sich die wenigsten Menschen noch an den Ursprung des Begriffes Hundstage erinnerten, nahm man später irrtümlich an, er leite sich von der Jahreszeit ab, in der die Hunde – der Hitze wegen – fast den Verstand verloren und jeden, der sich ihnen näherte, durch ihr Verhalten in die Flucht schlugen. Sicher hat so mancher Vierbeiner unter der Hitze gelitten, vor allem im mediterranen Klima, aber sie mit den Hundstagen in Verbindung zu bringen, war nichts weiter als ein Fehlschluß.